D0920162

Nada
como leer
·en tu
idioma.

Ellas cuentan

New York, NY.

Ellas cuentan

Antología de Crime Fiction por latinoamericanas en EEUU

Edición
Gizella Meneses y Melanie Márquez Adams

Sudaquia Editores.
New York, NY.

ELLAS CUENTAS: ANTOLOGÍA DE CRIME FICTION POR LATINOAMERICANAS EN EEUU
Copyright © 2019 by Various Authors. All rights reserved

Published by Sudaquia Editores
Design by Sudaquia Editores
Edition by Gizella Meneses and Melanie Márquez Adams

First Edition Sudaquia Editores: August 2019
Sudaquia Editores Copyright © 2019
All rights reserved.

Printed in the United States of America

ISBN-10 1944407472
ISBN-13 978-1-944407-47-6
10 9 8 7 6 5 4 3 2 1

Sudaquia Group LLC
New York, NY

For information or any inquires: central@sudaquia.net

www.sudaquia.net

The Sudaquia Editores logo is a registered trademark of Sudaquia Group, LLC

This book contains material protected under International and Federal Copyright Laws and Treaties. Any unauthorized reprint or use of this material is prohibited. No part of this book may be reproduced or transmitted in any form or by any means, electronic or mechanical, including photocopying, recording, or by any information storage and retrieval system without express written permission from the author / publisher. The only exception is by a reviewer, who may quote short excerpts in a review.

This book is a work of fiction. Names, characters, places, and incidents either are products of the author's imagination or are used fictitiously. Any resemblance to actual persons, living or dead, events, or locales is entirely coincidental.

Índice

Introducción

Algunas historias de crimen se desarrollan a lo largo de cientos de páginas. Otras, a pesar de requerir un espacio más breve, poseen igualmente el encanto y la fuerza visceral que caracterizan a sus contrapartes. Para esta colección hemos pedido a varias escritoras latinoamericanas que destacan en el ámbito de la literatura en español de Estados Unidos reinterpretar la ficción criminal con el fin de crear narraciones cortas que ejemplifiquen el espectacular rango de historias que se pueden contar cuando se desafían los límites del género. Ellas cuentan nos revela mundos noir en los que se entretejen personajes femeninos transgresores, injusticias sistémicas y conflictos sociales. En estas páginas hemos reunido la obra de trece autoras provenientes de diez países latinoamericanos que nos ofrecen lecturas imprescindibles dentro de la ficción criminal.

Sastre mosca

Azucena Hernández

La boca se abre en una mueca desaforada entre la revoltura de sábanas con pliegos de humedad corpórea que después evitarán las miradas mórbidas. La desazón le carcome los pulmones y el músculo llamado corazón; apenas puede respirar, aunque ya está muerto. Tanto dolor para una sola mañana, tanto de lo mismo de la noche anterior: la pereza de los miembros lánguidos, la inflamación del vientre velludo, un malo muy malo hedor rancio sale de la tina de baño que también es su boca.

Perder el color de la piel que lo vio nacer para terminar en un traje espantoso, cocido por un sastre vengativo, fue cosa de días. Maldita sastre ese que hincha los cuerpos ahogados, amarillos, cerosos. Es la sastre mosca que inocula con su larva el blando tejido, sobre todo durante los días mojados de sudores, fluidos, o lluviecitas ríspidas de temporada.

Toda la semana había estado lloviendo. Se entendía así la rápida putrefacción.

Llevaban su cuerpo en una camilla cubierto con un plástico que dejaba traslucir un espectro borroso, una pierna hinchada y morada. Lo pasearon frente a mi puerta abierta cuando salía, cuando quería salir instintivamente para perderme del acontecimiento matutino de una muerte premeditada desde hacía varios años cuando Billy llegó al hotel para convertirse en una adherencia más de la masa amorfa que constituíamos los inquilinos en ese lugar de mierda en esa ciudad al norte de México.

¿Cómo descubrió su obsolescencia soterrada, y la indiferencia? Fue algo que también se vino a instalar en él como un antiguo pariente conocido de oídas, como esas personas que de repente llegan y tocan la puerta esperando cruzar la frontera pero acaban quedándose por largo tiempo. Se podía ver que su cuarto parecía un basurero construido con la aquiescencia del tiempo amontonado; porque si la basura entra a la casa, ellos como él, permiten que germine ese pequeño infierno consumista y entonces florecen los basurales interiores, los cementerios de chatarra cerebral y los nidos de cucarachas entre las vigas húmedas de la cabeza.

Lo de la pierna ya debía haber tenido su tiempo, por eso aquel desequilibrio insano en sus breves caminatas fatigosas desde que llegó al hotel. Lo veía ir a la tienda lento y bamboleante, volvía con algo de comida y cerveza, y lo escuchaba, del otro lado de la pared, instalarse de nuevo frente al televisor. Paulatinamente fue dejando de sentir: el abandono de una pierna, así su deseo erótico, todo, absolutamente solo el hombre enfermo que por su diabetes mal tratada ya no mantenía erecciones que violaban a muchachas.

Lo único que llevó consigo al cuarto fueron las armas compradas en Estados Unidos que jamás usó para lo que debió haberlas usado. Para matarse. Tiro al blanco, limpiezas regulares, caricias como si una culata fuera la pierna bajo el mantel de la niña que comía el pastel de cumpleaños que él mismo había comprado. Mientras, por las tardes, después del trabajo, se embriagaba en la sala mirándola prolijo jugar a las muñecas. Muerte natural, gangrena de miembros. Sólo un poco aquí y no para siempre. Se llevan a Billy por el corredor cubierto con una funda de plástico blanco: queda la mueca horrorosa y fija.

Una parte de mí piensa aún en esas situaciones como imanes pegados a diferentes partes del cuerpo, cada uno con un campo magnético autónomo creando así un cuerpo desmembrado y ficticio. Y a pesar de estar ensamblado, cada parte va a diferentes lados: el torso y el pecho generalmente sufren de la respiración forzada cuando esta se vuelve de peso, de plomo, de miedo. En el estómago vive una figura hecha de fuego, arde en un centro negro de carbones abrasados. El brazo, el hombro, la pierna son el instinto de la fiera que escapa; otra se ve obligada a dormir los narcóticos. El hemisferio derecho de la cabeza recibe la bala migrañosa que me hunde en un cuarto oscuro.

Era ahí donde no podía ensamblar los retazos y fragmentos de varias cosas que habían pasado en la vida. En las vidas; porque todas de algún modo eran contradictorias, aunque autonómicas. Era, sin embargo, muy fácil que cada una de esas versiones perdiera la perspectiva y testimonios de las otras, para entonces dejarme atrapada en una suerte de niebla transparente como sueño de melancolía del que no se ha despertado por siglos.

El sueño venía de otro lado y siempre sucedía lo mismo. Emma se encontraba de pie y sin ropa frente a la calle del hotel durante el crepúsculo; parecían ser mañanas de domingo por la ausencia de flujo de tráfico y los establecimientos cerrados, o tardes desorientadas en paseos marginales por los terrenos de una escuela cuando ya todos se han ido a sus casas. En esos momentos no conocía la desesperación como lo hacía despierta, sin embargo, algo de esa luz crepuscular y el no llegar a casa transpiraban un vago rastro de angustia como a través del papel pasante de un confuso sueño multidimensional. Después sentía un calosfrío recorriendo el cuerpo para desear enseguida fundirme con la manta ligera que apenas me cubría, cerrar los ojos y caer otra vez invisible y leve. Pero no ocurría así. Mis deseos de huida no la salvaban del exhibicionismo rampante con el que una multitud surgida de la nada la acusaba con miradas inquisitoriales. Hasta que desperté temblando. La Emma del sueño seguía atrapada en un lugar del otro lado como si no hubiera despertado realmente. Tomé agua y me acordé de respirar hondo. No era solo un sueño sino los preámbulos para un estado disociado que de sólo imaginarlo me ponía en peor estado.

Después de varias noches con ese sueño y cierto deterioro por la falta de descanso noté que podría estar enfermándome; además las migrañas habían arreciado imponiéndome un entumecimiento doloroso en el hombro y el brazo derechos, fracturando el curso del trabajo y de los días. Pensar se volvía un paraje de caminos neblinosos donde precisamente la posibilidad del camino había desaparecido. A esto le añadía el estrés acumulado en el brazo derecho que consumía mucha de mi energía diaria. Dormía con los ojos abiertos, sentada frente a la mesa de trabajo mirando a la pantalla de luz que, devolviéndome la mirada, me llenaba de un fulgor claro el rostro inexpresable.

Pasaba así largos ratos, inmóvil, el cuerpo en pausa, las funciones vitales en automático, con un alma entumecida aguantando las fricciones groseras de los otros cuerpos máquinas que me extenuaban. Entonces me desprendía. Lejos, en la neblina, el dolor no era tan fuerte, y podía estar ahí sin caminar hacia ningún lado porque ahí ya no había caminos. Las pastillas para el dolor me elevaban en un trance que si no disfrutaba al menos me sacaban de los estados zigzagueantes de agonía emocional. El cuerpo seguiría al servicio de la máquina que sobre la mesa le iluminaba el rostro como el aura blanquiazul de una santa.

En un sueño, Emma aparecía desnuda sin poder llegar a casa. En el otro, Billy era una decadente divinidad patriarcal que sufría varias metamorfosis. Pero esta vez Billy ya estaba muerto, lo había visto, envuelto en un plástico, sacar por el pasillo del hotel. Deseaba muy hondamente que ese cuerpo apestoso y amarillo fuera su última manifestación.

Emma conoció a Billy el día del pastel. Después en la universidad como un amigo disfrazado. La obligó a pagar un regalo, y la niña estaba asustada de no tener dinero, de la posibilidad de ir a la cárcel (las niñas rateras se van a la cárcel...). Mientras, sucedía una actualización en otra dimensión de su persona. Recordaba a la misma niña herida, simultáneamente a la muchacha que apenas podía mantenerse en pie y que fue empujada a la cama por dos hombres. Uno de ellos Billy.

Quizá la lluvia que caía en un estado mental terminaría erradicando la neblina del otro, pero era difícil averiguarlo por las diferentes altitudes. Después de la lluvia nocturna los grillos cantaban sus últimas canciones de verano. En realidad, eran hombres metidos en sus apartamentos que cantaban al calor de la estufa. El tren frenaba frenético y luego corría raudo en un vaivén desordenado de oleaje mecánico. Eran las 5:10 am y la cabeza ya dolía menos, aunque la neblina mental persistía. Los niveles de alcohol en la sangre subían para romper con el silencio de ciudad donde lo único que pasa son los estudiantes briagos y alguna mujer que será violada en el cuarto oscuro de un motel esa noche. Sólo camino, pensando, queriendo que sea algo importante, la vida, más allá de este andar de todos como arrastrándonos, ese estarse ahogando en nuestra propia saliva, en los escupitajos mutuos y las conciencias tranquilas de los otros.

Feminicidio etnocidio infanticidio homicidio genocidio ecocidio suicidio, el mundo está lleno de icidios, pensaba mientras aquella Emma observaba el cuerpo desnudo en un espejo después de la ducha que lavó la evidencia. Se dibujaban magulladuras en los brazos y en las piernas, en las caderas. El peso de Billy sobre mi rendido cuerpo.

La noche antropófaga se lo come todo; con el parpadeo de un apagador vuelve al día ficticio porque lo único real es la noche pesada con su manto de asfixia, manto de estrellas tejidas con las manos ahogadoras de la muerte. Camino en la oscuridad sin titubeos porque conozco las desigualdades de la acera y el adoquinado, los contornos de su cuarto, su posición en la cama, el ruido del televisor que como la almohada amortigua mis pasos y sus sollozos. La cabeza giraba con serpentinas manos de gente con demasiada basura adentro. Los monosílabos tenían texturas y construían cadenas de muchas veces no-no-no-no-no. Billy se masturbaba oyendo al otro forzar su entrada. Después como si nada hubiera pasado. Se encienden las luces. Despierto. La vida no era un sueño, era una forma de lidiar con el trauma. Así se explican los racimos de ángulos, superficies y figuras superpuestos, el ensamblaje de conexiones y vínculos rotos.

Defensa propia

Teresa Dovalpage

Esto que les voy a contar me lleva rondando los pensamientos hace más de una década y hoy es que me decido a compartirlo. A fin de cuentas, creo que en ese lapso ciertos delitos, si es que hubo delito (y bueno, sí lo hubo) prescriben.

En aquel entonces yo era editora del único periódico de un pueblito pequeño que queda en el norte de Nuevo México. Un pueblito en casa del carajo, pero con mucha gracia: esponjado de nieve en el invierno y cálido sin ser un horno en el verano. Con montañas, lagos, cielo límpido, un río de nombre rimbombante y todo eso que se ve en las postales turísticas. Un pueblito que tenía belleza, buen clima...vaya, tenía de todo, menos trabajo suficiente para la mayoría de la población. Algo de construcción, restaurantes, aseo en los hoteles.... Me sentía agradecida de tener un buen empleo en el paper, con reporteros excelentes. Mis niños, los llamaba, porque todos podían ser, descansadamente, hijos míos. Soy nacida y criada en el Bronx, neuyorican de pura cepa, aunque a veces me falle un poco el español.

Entre mis mejores colaboradores había una chica caribeña, hocicona como ella sola, pero con chispa para el reportaje. Se llamaba Margarita y le decían la Maga. Además de ser la única que hablaba español bien en el periódico (yo hablo mejor de lo que escribo) tenía gracia y desparpajo para las crónicas. Pero tenía también la mala costumbre de involucrarse demasiado en las historias, a veces con detrimento de su propio bolsillo. Si la mandaba al grand opening de una tienda o de una galería, no dejaba de comprar algo, pagando a veces el doble de lo que recibía por el artículo. Si le tocaba entrevistar a un artista, le compraba una pieza, por más que algunas fueran unas reverendas porquerías. El otro problema era que a veces inflaba un poco (o un mucho) los reportajes, poniendo en boca de los entrevistados cosas que no habían dicho para redondear la historia, para que no quedara "sin sal." Mis reprimendas y explicaciones (tú eres periodista, no cocinera, qué sal ni qué pimienta) caían en saco roto.

—Es que, si no los mejoro un poco, los artículos quedan tan aburridos que no hay quien se los lea —se justificaba.

—Niña, la gente no lee el periódico para entretenerse sino para informarse. Si quieres entretener a los lectores, escribe una novela.

—Ah, ya, ya...

Aquel día le había tocado entrevistar a Yesenia, una víctima de violencia doméstica, pues estábamos haciendo una serie sobre el tema, que entonces no se ponía sobre el tapete tanto como —¡por fin! — se pone ahora. A mí me tocaba en lo personal. Cuando joven estuve casada tres años con un tipo que me pegaba cada vez que le daba gusto y gana, hasta que una noche, en medio de una bronca descomunal, agarré un cuchillo y se lo clavé en la barriga. Se salvó de milagro. Yo fui a juicio, pero salí absuelta porque pude probar que lo había hecho en defensa propia. Jamás volví a ver a mi ex, pero por años tuve pesadillas con aquel cuchillo de matarife. Mis subordinados no sabían nada de esto, claro, pero aquella serie de reportajes tenía un sitio especial en mi corazón... y en la cobertura que le iba a dar.

Yesenia había accedido a que la entrevistaran con la condición de que no se mencionara su apellido y que sólo aparecieran fotos parciales de ella —unas laceraciones en el cuello y unas marcas moradas en un brazo. Era una chica oaxaqueña que no hablaba inglés, así que mandé a la Maga junto con el fotógrafo. No solían hacer buenas migas aquellos dos, pero el fotógrafo, Bert, no entendía español y quería dejar claro cómo había que hacer las tomas. La Maga iría en doble función de reportera y de intérprete.

Bert, que detestaba a la Maga, volvió a la redacción echando chispas:

—Tu "reportera estrella" es una hocicona de marca mayor —me dijo, todo sofocado—. Nomás llegar, empezó a meterse en la vida de esa muchacha, dándoselas de psicóloga, consejera o vaya usted a saber qué. Imagínate que le dijo que lo mejor que podía hacer era zamparle al marido una sartén por la cabeza. "Pero si no tengo ni sartén aquí," le contestó ella, asustadísima. "¿Y qué? Dale con el rodillo, con el molcajete, vaya, lo que tengas a mano, pero suénalo bien." Así le dijo.

—¿Y tú cómo entendiste todo eso, Bert, si dices que no sabes español?

Se azoró un poco.

—Bueno, no lo hablo bien, pero algo se me ha pegado en tantos años de vivir aquí. Pero vamos al caso. ¿Tú no crees que Margarita actuó de una manera poco profesional? ¡A ver!

No me quedó más remedio que estar de acuerdo con él. La Maga se pasaba a veces, hay que reconocerlo. Le eché un rapapolvo cuando me la encontré.

—Se lo dije para que aprendiera a defenderse, buena falta que le hace— me contestó muy presentá—. Y el Bert ese, además de ser chismoso, es tremendo descarado. ¿Puedes creer que con todo lo que ha pasado Yesenia se puso a hacerle ojitos ahí delante de mí? Flirteando, mija, flirteándole al descaro. Eso no te lo contó, ¿eh?

—¿Y ella le hizo caso? —pregunté, molesta porque mira que esas cosas dejan mal al periódico.

—A mí me parece que el horno no estaba para pastelitos, pero por él no quedó. ¡Sinvergüenza!

Aquella misma tarde la Maga me mandó el reportaje. El marido (y agresor) de Yesenia se había ido de la casa hacía varias semanas y ella pensaba que no volvería a aparecer, que tal vez se había regresado a México. Su historia era común: se había casado a los quince años con aquel hombre, que la había convencido para venir con él a Estados Unidos. Los dos eran ilegales —eso no lo mencionamos en la historia, se entiende— y él hacía lo que se terciaba en construcción, pero no la dejaba a ella trabajar en la calle, por más que les hiciera falta el dinero. Yesenia no tenía más amistades que dos señoras de La Luz de Cristo, una iglesia local donde predicaban en español y a la que su marido le permitía ir alguna que otra vez. La última pelea que habían tenido (de la que ella salió con un ojo negro y un brazo amoratado) fue precisamente a causa de su asistencia al servicio.

"No fue culpa mía que la pastora se pasara tres horas hablando," decía la cita del artículo. "Cuando llegué a la casa él estaba como loco, acusándome de andar con otros hombres por ahí, usando la iglesia como pretexto."

La Maga había hecho una excelente exposición del caso y al final incluía la dirección del único shelter del pueblo donde les daban protección a las mujeres abusadas. Le di una pasada rápida, cambiando algunas expresiones un poco fuertes que había deslizado olvidándose de la objetividad periodística y mandé el artículo a la imprenta. Aquel día era martes. El periódico debía salir el jueves.

Esa misma tarde, a eso de las seis, la Maga se apareció de pronto en mi oficina. Me acuerdo de la hora pues ya los demás empleados se habían ido y yo me había quedado sola en el edificio, dándole los últimos toques a mi columna editorial, que era siempre lo último que mandaba.

—Coño, tú, ¿hay manera de matar el reportaje sobre la violencia doméstica? —me preguntó.

Me quedé mirándola con la boca abierta

—¿Por qué? Si te quedó muy bueno.

—Es que...Yesenia me ha pedido que no lo saque. Parece que el marido regresó y teme que la mate a golpes por contar...

—Pues lo siento, porque ya se ha ido a imprenta —le contesté—. Por otra parte, ¿cómo va a enterarse? Ese hombre no sabe inglés y dudo mucho que lea el periódico. De ella sólo mencionamos el nombre y no hay fotografías del rostro. Las posibilidades de que descubra que se trata de su mujer son mínimas, ¿no crees?

—Vete pal carajo. ¡Por una historia eres capaz de vender a Mahoma! —me contestó y se largó dando un portazo.

Me sorprendió, aunque no mucho, porque ya estaba acostumbrada a sus berrinches. Yo comprendía el interés por proteger a una de sus fuentes, pero era demasiado tarde... Más tarde de lo que yo misma había supuesto en ese momento.

No fue hasta el día siguiente que me enteré de lo que había ocurrido. El muchacho que cubría la sección de policía nos trajo la noticia, que luego habría de ser primera plana, de una mujer que había matado a su marido en una traila de la "zona hispana" del pueblo. Cuando vi el nombre lo reconocí de inmediato: Yesenia Bermúdez.

Por un momento lo vi, o creí verlo, todo claro: Yesenia, azuzada por los consejos de la Maga, se había defendido cuando el marido intentó abusar de ella otra vez. Estaba en su derecho y yo era la primera en reconocerlo. Pero ¿cómo lo entendería la ley?

Según la versión de Yesenia, ella había salido a caminar junto al río y, al regresar, se había encontrado al marido tirado en medio de la sala, con la cabeza destrozada por el mortero del molcajete. Insistía en que no lo había hecho ella, que ni siquiera sabía que su marido había regresado, pero ¿a ver quién se lo iba a creer?

El molcajete...me acordé de lo que había dicho Bert. Ahora sí que nos llevó Pateco, pensé.

La historia armó mucho ruido en el pueblo. Las opiniones se dividieron entre los que consideraban que la muchacha había hecho bien al defenderse de un tipo abusador y violento, y los que decían que por qué no se había divorciado o se había ido de la casa y ya. Durante aquel día no se habló de otra cosa, pero ella insistía en su inocencia. En medio de todo ese pugilato, la Maga se apareció de nuevo en mi oficina, con cara de desenterrada.

—Vengo a pedirte un gran favor —me dijo, como si no se acordara de que me había carajeado la última vez que nos encontramos en el mismo lugar.

—A ver —le dije.

—A Yesenia ya le señalaron abogado defensor, un public defender que tiene cara de estar más perdido que una cucaracha en baile de gallinas —me dijo—. Yo estoy segura de que ella no mató a ese tipo, pero...

—Y si no fue ella, ¿quién? —la interrumpí.

—Un lío de drogas —bajó la voz—. Yesenia me contó que el hombre se metió con unos narcos y luego trató de salirse, pero tú sabes que con esa gente no se puede estar jugando al quita y pon.

Y narco encima, el tráfala. Bien muerto estaba, pensé. La Maga seguía hablando a cien revoluciones por minuto.

—Pero van a sospechar de ella, sobre todo porque es muy fácil de probar que es la entrevistada en mi artículo. Y me siento culpable, coño. Ahora sólo tengo una forma de ayudarla, que es darle una coartada: decir que la traje al periódico para redondear la entrevista. Está probado que el hombre murió entre las cuatro y las seis de la tarde. Yo voy a decir que estuve con ella aquí hasta eso de las siete.

Suspiré.

—No te puedo decir que no lo hagas, allá tú. Ya estás bastante crecidita para saber en qué te metes. Pero ¿qué tengo que ver yo con eso?

—Quiero que tú digas que la viste cuando entró conmigo —antes de que yo pudiera protestar agregó—: Que estabas todavía en la oficina y que también nos viste salir juntas a las siete y cuarto. Tú eres una mujer mayor, conocida, miembro respetable de la comunidad, vaya. Si me apoyas tenemos más posibilidades de que nos crean que si se trata sólo de mi palabra, ¿comprendes?

—¡Pero quieres que diga una mentira bajo juramento!

—¿Y qué? Yo me paso los juramentos por el fondillo. Si no me ayudas la van a condenar, estoy segura. ¿Tú crees que esa muchacha merece pasarse media vida en la cárcel por culpa de un hijo de puta a quien en realidad ni mató?

Lo pensé mucho y me costó montones decidirme. Pero a medida que transcurrían los días y se acercaba la primera vista del juicio, las opiniones se viraban más y más en contra de Yesenia. Podía haberse aducido el argumento de la defensa propia, pero como ella negaba toda participación en el crimen, era imposible usarlo. El hecho de que ni ella ni el marido tuvieran papeles también la perjudicó. Justo por esos días Bert presentó su renuncia y se largó a Washington —en busca de mejores oportunidades, según él.

Empecé a atar cabos y, basada en mi propia experiencia, concluí que Bert se había vuelto a aparecer en casa de Yesenia, que el marido se había enterado y había agredido a su mujer, como lo había hecho antes. Y como la Maga podía ser muy convincente y el molcajete estaba allí....

La cara de niña triste de Yesenia me perseguía en las noches. También mi propia historia, que había vuelto a visitarme con ramalazos en flashback: el rostro enrojecido de mi marido a sólo dos centímetros del mío, su puño abriendo un hueco en la pared, el televisor hecho astillas en el piso, mi ojo izquierdo rodeado de un círculo morado y la apocada, absurda explicación de me había caído en el hielo o tropezado con una puerta, que no convencía a nadie. El cuchillo de matarife entrando despacio en la carne de mi marido, mi efímera victoria con su cuerpo a mis pies. Todo aquello volvía y gritaba alto y claro a favor de Yesenia.

El día del juicio la sala del juzgado estaba a tope. Allí no cabía un alma más. Y yo, temblando. Empezó la vista del caso. El fiscal era un viejo agresivo, que contaba con la timidez de la acusada y la poca experiencia del defensor. Pero cuando éste mencionó la visita de Yesenia al periódico, dato con el que no contaba, se descolocó un poco.

—¿Por qué usted no dijo eso antes? —le preguntó a Yesenia—. En su declaración original sólo se menciona un paseo por el río.

—Porque...porque no quería dejar mal a la señorita reportera —contestó la aludida con un hilo de voz y tal cara de culpabilidad que me hizo bajar el corazón a los pies—. Yo no quería involucrarla a ella en este fregado, después que ya había sido tan amable conmigo.

Llamada la Maga al estrado, dijo con gran desenvoltura que ella misma se había presentado a prestar declaración sobre la continuación de la entrevista en el local del periódico. Y para corroborar su afirmación, me llamaron como testigo de la defensa.

Cometí perjurio por ellas. Dije que efectivamente había visto pasar a Yesenia y a la Maga juntas en dirección a la oficina de esta última alrededor de las cinco de la tarde, y más tarde cuando se fueron, ya pasadas las siete. Era de sobra conocido que yo me quedaba hasta la noche en el periódico los martes, y mi declaración, hecha con la voz más firme y la mayor seguridad que pude impostar, le dio la vuelta al tostón.

Yesenia salió absuelta. El caso quedó abierto por unos años más mientras seguían buscando al asesino. La Maga y yo no volvimos a hablar del asunto en el año y medio que ella continuó trabajando para mí.

Cavilé mucho sobre lo sucedido. Algo me avergonzaba haber mentido, pero en realidad no me arrepentía. Razonaba que peor me habría sentido si hubiesen metido en la cárcel a Yesenia. En aquella muchacha de veintipocos años, que apenas se atrevía a mirar al juez a la cara, me veía a mí misma treinta años ha.

El reportaje de la Maga ganó un premio de la Asociación de Periodistas de Nuevo México. Unos meses después se marchó a hacer una maestría en Los Ángeles. Pasaron los años, me retiré y me dediqué a viajar y a darme la mejor vida que se puede dar una editora jubilada, pero, entre mis recuerdos de Nuevo México estaba siempre en primera plana el de aquel juicio, y la curiosidad de saber cómo habían pasado realmente las cosas.

Fue hace apenas dos meses que volví a tropezarme con la Maga, ahora una señora casada y respetable, con treinta libras más y un doctorado en filología. Pero eso sí, igual de hocicona que antes. Coincidimos en una feria del libro a donde yo fui a comprar novedades y ella a presentar una novela que le acababan de publicar.

—Siempre supe que te dedicarías a la literatura —le dije—. Ahora sí puedes inventar a gusto sin faltar a la objetividad periodística.

—Hay otra ventaja —me dijo mirándome a los ojos—. Con la trama de las ficciones no hay peligro de involucrarse demasiado, como decías tú, y con razón, que yo hacía con los artículos.

—¿Estamos pensando en lo mismo? —pregunté con cautela.

Ella asintió y nos quedamos un momento en silencio.

—Perdóname por haberte puesto en aquel compromiso, socia —dijo por fin—. pero no me quedó de otra. Me rompía el corazón que le echaran la culpa a Yesenia de algo que no había hecho. Si tú no hubieras dicho lo que dijiste, todavía estaría entre rejas.

Maldije la costumbre del español de no poner sujetos en las oraciones porque mira que esta omisión se presta a ambigüedades y malos entendidos.

—¿Ella estaría entre rejas, quieres decir? —le pregunté.

Se encogió de hombros y me miró de reojo.

—Ella...o quién sabe quién. Después de la entrevista, decidí que debía haberle dado más información a Yesenia, panfletos de auto ayuda en español y cosas así. Volví a la casa y me encontré al marido allí. Ella se había ido a dar una vuelta por el río, tal como declaró en el juicio, entonces aproveché para advertirle al tipo que, como volviera a abusar de su mujer, yo misma lo iba a acusar con la policía pa que lo deportaran pal carajo.

No dijo más y yo me quedé tan espantada que no se me ocurrió que contestar. Pasó un rato larguísimo, o quizás no tan largo, pero a mí los minutos se me convirtieron en horas. Maga seguía frente a mí, pálida y en silencio total también.

—¿Y Yesenia? —le pregunté cuando recuperé el don de la palabra.

—Nunca se enteró. Yo fui a verla en la cárcel y la convencí para que dijéramos "una mentirilla" por su bien. Lo último que supe de ella fue que se había casado con un hombre decente y que estaba estudiando enfermería.

—Vaya, pues me alegro—dije por decir algo.

—Y yo también. Por eso decidí dedicarme a la literatura. Escribir novelas es un oficio menos peligroso que hilvanar reportajes.

Ángeles negros

Anjanette Delgado

Nunca supe cómo vivir sola. Por eso, tan pronto Lucas y yo nos peleamos, el apartamento del Viejo San Juan que durante años me había parecido acogedor y hasta romántico, se me convirtió en un cuartucho frío, melancólico y opresivo.

¿Qué por qué nos dejamos? Quizás porque después de cinco años, un día me dio por contar. Los días que llegaba tarde a buscarme a la oficina, versus los que llegaba a tiempo. Los días en que discutíamos durante horas porque él no sabía perder, versus los días en los que no salíamos de la cama, enroscados, uno alrededor de las piernas del otro, borrachos del olor a sal de mar que barre los balcones del Viejo San Juan en las tardes.

Así cumplí los 29, los 30, los 31 y así pronto hubiese cumplido también los 32. El tiempo de mi vida pasaba sin que nada pasara en mi vida y un día me hastié de contar. De hacer inventario de algo que no iba para ninguna parte.

—Si quieres, salimos a comer —me había dicho él aquel día igual a todos.

—No, pero así no —contesté yo.

—¿Cómo que "así no?"

—Así no, con ese "si quieres", como si tú no tuvieras que comer también.

—Mira Natacha, vamos a dejarlo ahí, hazme el favor, que hace demasiado calor para peleas imbéciles.

Le hice caso y ahí mismo lo dejé. Le dije que tenía razón, que lo de nosotros era una imbecilidad y que mejor dejábamos de ser imbéciles.

Para mi sorpresa, estuvo de acuerdo. Se fue, prometiendo regresar a buscar sus cosas, que no eran muchas porque él, como buen blanquito, tenía su propio techo en Ocean Drive, del que no se deshizo ni aun mientras prefirió pasar sus noches durmiendo bajo el mío.

Esa misma madrugada comenzaron los llantos. O más bien, los lamentos. Como si un gato enfermo o una persona ronca intentara cantar y llorar a la vez. Una mezcla de sorpresa y dolor, como si alguien pellizcase a algo o a alguien de súbito y con saña, causando que emitiera aquel aullido rabioso, que desfallecía para repetirse segundos después, entremezclándose con los silbidos del viento al deslizarse por sobre los tejados del casco de la ciudad.

Pero si aquello era un gato, era un gato extraño. Yo conocía los distintos maullidos felinos porque San Juan estaba lleno de ellos. Pero este sonido era tan extraño que esa primera noche no pude volver a dormirme, aguzando el oído, tratando de ubicar la dirección general de los quejidos, aunque, en verdad, no había mucho en donde buscar.

El 51 de la Calle Caleta de San Juan era un edificio pequeño. Había solo tres pisos con dos apartamentos en cada piso y un patio interior en el que vivía una media docena de los susodichos gatos. De los dos apartamentos que había en cada piso, uno era grande y tenía un balcón largo y estrecho que daba hacia la calle, y el otro era poco más que un desván compuesto por una salita/cocina minúscula y una habitación cuya ventana miraba al interior.

Esa distribución tan poco equitativa se debía a que, en épocas pasadas, los "apartamentos" como el mío fueron los cuartos de los sirvientes de los ricos que vivían en los apartamentos grandes. Por eso estaban más destartalados y no contaban con clósets, aunque, por fortuna para mí, por vivir en el último piso (en el 3A), yo contaba con un receso debajo de un tragaluz que pude convertir en guardarropa con la ayuda de un gavetero, unas tablillas y varios ganchos, arqueados como garras, en la pared.

Según la corredora de bienes raíces que me consiguió el alquiler del 3A, el espacio bajo el tragaluz fue alguna vez el pasillito por el que la sirvienta de turno pasaba de su habitación a la residencia de "los señores" sin ser vista por las visitas. Se llamaba Ceci o Celia, no recuerdo bien, pero lo que sí recuerdo es que se sabía la vida, crímenes y milagros de las familias adineradas que ocuparon estás hermosas casas coloniales de techos altos y grandes ventanales, de balcones con tejas, pisos de madera y losa tradicional original, muchas de ellas con la mejor vista al Océano Atlántico desde lo que antes fue el casco de defensa de esta islita de sol y sal que es Puerto Rico.

Y aunque de seguro los apartamentos grandes tenían armarios en los que guardar las vulgaridades de la vida diaria, ya ninguno de esos patriarcas vivía allí. Se habían muerto y sus descendientes habían dividido las casonas en espacios más pequeños para alquilarlos por Airbnb a turistas que pensaban que era posible conocer Puerto Rico en solo tres días y sin salir jamás del Viejo San Juan.

Unos días después, volví a escuchar el llanto maldito. Era sábado en la mañana y hacía yoga cuando oí aquellos estertores de perro agonizante forzado a gimotear lo que hubiese querido ladrar. De inmediato abandoné mi pose de guerrero y me doblé en una "Uttanasana" (como si quisiera tocarme la punta de los pies) para acorralar mi maranta de pelo negro sobre la corona de mi cabeza en un enorme moño y asomarme al quicio de la escalera con los pies descalzos y los ojos sin rastro de la relajación que me había propuesto al despertar.

Cerré la puerta tras de mí y escuché. Nada. O al menos nada anormal. Un par de voces conversaban en la acera, o quizás en el patio interior que todo lo amplificaba. Algo con ruedas luchaba por navegar sobre los adoquines azules e irregulares que cubren esta parte vieja de la ciudad. Un predicador te exhortaba a aceptar a Cristo como tu único salvador a través de un radio, seguro tan viejo como el que lo escuchaba. ¿Me lo habría imaginado? Era posible. Nunca escuché ruidos extraños en todo el tiempo que estuve con Lucas y me parecía demasiada casualidad escucharlos ahora.

Esa tarde, según el breve de las 2:00 pm del noticiero de fin de semana, una mujer había sido asesinada a puñaladas esa mañana frente a un centro comercial en Guaynabo, mientras que en Caimito, otra había sido asesinada la noche anterior en su propia casa y por su propio esposo. Su hijo de cinco años lo vio todo. Mientras tanto, en el área metropolitana, advertían sobre un violador que atacaba mujeres a la salida de Plaza las Américas, dejando sus paquetes coloridos abandonados sobre la brea del estacionamiento del que las secuestraba.

Apagué el televisor y me fui a sentar en el alfeizar de mi única ventana. En el cielo, nubes negras amenazaban con sus contenidos y los que estaban sentados en la placita que hace esquina con la Calle del Cristo, se levantaron con prisa para escapar del aguacero. En mi apartamento, nadie me pedía una cerveza de la nevera ni peleaba por controlar el televisor. En vez, el silencio lo invadía todo, pintando las paredes de un gris plomo aguado, como si estuviera lloviendo adentro, de la misma forma en que pronto llovería afuera, y haciendo que sintiera lástima de mí misma. De estar más sola que aquellos adoquines azules que la lluvia pronto azotaría, sin una persona de mi sangre a la que amar. Sin una madre que supiera dónde ubicar, ni una hermana... sin un hijo.

En esas tonterías pensaba cuando escuché pasos en el rellano. Cuando había silencio se escuchaban porque era un edificio muy viejo y los techos eran muy altos. Seguro era el nuevo vecino y tuve deseos de salir al pasillo y preguntarle si él también había escuchado los gritos, aunque fuera para tener con quien compartir mi miedo. Para hablar algo con alguien.

Le diría, "qué tal, soy Tacha, tu nueva vecina. Bueno, Natacha. Encantada".

Y él me diría, "Caramba, que bueno. Ya tenía deseos de conversar con mi vecina. ¿Te puedo ayudar en algo?"

Pero no me atreví. Atinando solo a acercarme a la puerta sigilosa, colocándome frente al agujero hasta ubicarlo del otro lado de la puerta. En efecto, Jota Francioni estaba parado ante su puerta y a través del lente cóncavo de la mirilla podía verlo hasta la cintura, aunque un poco borroso. Sabía que se llamaba así porque eso decía su buzón en el primer piso: J. Francioni. Cuando se mudó, nos habíamos saludado en la escalera con un escueto "¿qué tal?" de pasada —el edificio no tenía ascensor, por lo que si los vecinos nos veíamos alguna vez, era bajando o subiendo, en camino a, o regresando de, donde fuera.

Jota Francioni era trigueño, de ojos achinados. Guapo. Espejuelos. Llevaba un suéter gris de cuello alto y un reloj grueso y suelto, casi como pulsera. Buscaba sus llaves en un Messenger de cuero color canela tostada. Sí, no había duda de que era un hombre atractivo y pensé que esto era lo que ocurría cuando se andaba en relaciones sin futuro: se volvía una ciega a las posibilidades que estaban justa y literalmente enfrente de una. Este hombre llevaba varias semanas viviendo enfrente de mi cara y yo ni había visto bien la suya hasta ese día.

Él seguía frente a su puerta a pesar de ya tener el llavero en la mano, y pensé que podría haber olvidado donde estaba, como pasa cuando uno se muda a un lugar nuevo.

Pero no. Más bien se había quedado perfectamente quieto. No, no perfectamente. Estaba ladeando la cabeza en mi dirección con tanta lentitud, que parecía que no se había movido, pero sí, como si mirara por encima de su hombro y pudiera verme a la perfección. No te voy a mentir. Quedó en mí congelado cada pelo negro y lacio que me oscurece los antebrazos. Se me ocurrió que se voltearía a verme, que me miraría a través del lente de la misma mirilla por la cual yo lo espiaba a él, descubriéndome.

Esa noche, el noticiero de las once cumplió su promesa de darme "todos los detalles" de las cosas horribles que me habían adelantado esa tarde, y otras más que se les habían quedado: una madre pedía cualquier noticia de su hija de doce años. La niña había sido secuestrada del Hospital de Niños San Jorge, donde convalecía a causa de un tipo de leucemia rara que no alcancé a entender bien. La madre lloraba angustiada ante las cámaras, sosteniéndose apenas con una mano en la rodilla, en la otra mano, la foto de su niña, una rubiecita pecosísima. "Es que nadie sabe como una madre se sieeeente" le lloró a la reportera con la voz quebrada y el rostro hinchado de tanto llorar, y a mí, oyendo aquellas palabras, se me escaparon dos grandes lágrimas porque yo era alguien que hubiese querido tener un hijo, aunque fuera para saber lo que ella sentía. Las autoridades sospechaban del exesposo y padre de la niña, radicado en Estados Unidos.

Mientras, en el Capitolio, un senador defendía el fin de un programa que subsidiaba el costo de medicamentos para ancianos de pocos recursos. Lo de siempre. Los débiles destajazando a los aún más débiles para olvidar que eran débiles. La decisión estratégica de no pelear una pelea perdida de antemano contra Estados Unidos, no solo nos había convertido en colonia eterna, sino que seguía engendrando hombres rabiosos que nacían sintiéndose emasculados, culpables de haber "entregado" la patria por conveniencia y que se desquitaban contra todo el que lo permitiera o no pudiera defenderse.

Al día siguiente, domingo, seguía lloviendo y hacía frío, pero igual bajé porque necesitaba ver gente. Solo que en la Plaza Dársenas no había mucha gente con ganas de mojarse, así que compré una bolsa de mangós (sí, mangó, con acento en la "o" como lo dijo Corretjer en su poema y como lo avala la Real Academia de la Lengua Puertorriqueña) y una piragua de frambuesa que usé para lastimarme la boca en el camino de regreso al apartamento, apretando escarcha de hielo con fuerza entre mi lengua y mi paladar. ¿Tú no querías frío, Tacha? ¿Qué te dejaran en paz? Bueno, pues ahora congélate de silencio.

Esa noche, escuché las noticias, decidida a enterarme de todo y a no tener miedo, a rezar un Padre Nuestro, y a dormir como un lirón después. Me enteré que la mujer que habían asesinado frente a su hijo, había sido golpeada durante días por el marido que le quitó la vida y que sus vecinos la oyeron gritar sin hacer nada, ni siquiera una llamada anónima a la policía. Desgraciados. Inmundos. Les deseé una muerte lenta y dolorosa a todos. Eran tan asesinos como el marido cobarde que no tuvo valor ni para matarse después.

En algún momento, me quedé dormida. Lo sé porque me despertaron los quejidos aquellos ya familiares. Esta vez eran tenues, como si quien fuera hubiese perdido fuerzas, y miré el reloj: las 3:33 a.m.—siempre me pasaba que miraba el reloj y eran las 2:22 o las 4:44 o las 5:55.

De inmediato me vino a la mente la mujer asesinada y sus vecinos cobardes y me obligué a aceptar lo que temía: los gritos venían del apartamento del vecino. Alguien estaba sufriendo allí y yo no podía seguir mirando para otro lado como si lo que estaba oyendo no tuviera nada que ver conmigo.

Así que llamé a la policía.

—Okey, señora, cójalo con calma. Una patrulla ya va para allá—fue lo único que dijeron cuando contestaron por fin.

Mientras llegaban, me puse una bata de baño sobre el pijama y unas chancletas y salí a subir y a bajar las escaleras porque estar en mi apartamento con aquel llanto me desordenaba los nervios. Me paralizaba.¿Y si Jota Francioni era un asesino y tenía a una mujer encerrada allí adentro? A lo mejor era el secuestrador de Plaza Las Américas y estaba allí con alguna de sus víctimas.

Quince minutos después, todavía no había llegado una sola patrulla, así que regresé a mi habitación y abrí las cortinas de gaza de par en par, arrellanándome contra la pared que sabía conectaba con alguna parte del apartamento de al lado. Por supuesto que el sonido venía de allí y me dio vergüenza haberle deseado la muerte a los vecinos de la mujer asesinada en Caimito, cuando yo llevaba días convenciéndome de que no escuchaba lo que sí escuchaba.

El sonido estaba ahí y ahora más de cerca, sonaba a alarido cansado, lleno de consonantes. Me imaginé a una mujer vomitando, atragantándose en su propia sangre, a punto de morir y ante esa imagen mental, la razón me abandonó. Empecé a abrir gavetas buscando uno de los malditos taladros de Lucas. No encontré ninguno, pero encontré un martillo. Vacié mi clóset, tirándolo todo encima de la cama, jalando el gavetero con todo y gavetas, y dando golpes en la pared hasta que escuché como si se cayera una almohada o una libreta desde una tablilla alta. Seguí dando golpes hasta que escuché un sollozo y comencé a sudar, desesperándome, mis martillazos lanzando escombros en varias direcciones hasta que vi los siglos del mar en las viejas vigas de madera de la pared y pude vislumbrar una sombra en la penumbra del otro lado.

—¿Estás bien? Contéstame, por favor.

Iba a seguir intentando con el martillo cuando escuché un llanto desconsolado y difícil, como si a quien lloraba le costara respirar.

—¿Puedes hablar? Bueno, quédate ahí que yo te voy a sacar— dije, fustigándome de inmediato, pues, ¿a dónde demonios podría ir la pobre persona atrapada allí?

Ella—estaba segura de que era una ella—seguía sollozando y pensé decirle que la policía estaba en camino, pero ¿y si él estaba allí escondido y la mataba al anticiparse atrapado?

Pero ella seguía llorando ese llanto que parecía grito aspirado, y decidí que si Jota Francioni estuviera allí, ya habría salido a tumbarme la puerta y que yo no podía seguir siendo una persona cobarde si iba a seguir viviendo en, y queriendo a, este Puerto Rico traumatizado.

Marqué de nuevo a la policía y esta vez me dijeron "un momento, por favor" y me pusieron en "hold" antes de que pudiera decir una palabra. Sentí que me mareaba de rabia e impotencia y que nada tenía sentido.

Pensé en llamar a Lucas. De verdad que sí. Él habría venido, pero, al instante de pensarlo, sentí, allí en mi vientre que hacía amago de desalojarlo todo, que no tenía caso. Que él ya se había ido de mí, que vivía en otro mundo desde hacía mucho y que yo no había querido saberlo.

Se me ocurrió también tumbarle la puerta a alguien del edificio, pero eran viejitos mis vecinos. Sabían de sus gatos y de sus programas de radio y tardarían más en contestar a la puerta que la policía en contestar el teléfono.

Afuera, no había un alma porque era la madrugada de un domingo que ya era lunes y yo ni tenía un carro con el cual ir a buscar a alguien que pudiera ayudar, ni conocía a nadie a quien me hubiese atrevido a pedirle ayuda a aquellas horas.

Estaba como nunca había sabido estar: sola y con una gran decisión que tomar. O me regresaba a mi apartamento y esperaba a la policía, sabiendo que si algo malo pasaba sería por mi cobardía, o me daba prisa en sacar a aquella mujer de allí antes de que Jota Francioni reapareciera con su maldito Messenger color canela tostado.

Busqué la ganzúa cruciforme de segunda mano que Lucas me había regalado cuando quedó claro que yo iba a dejar mis llaves olvidadas dentro del apartamento por lo menos una vez al mes y, todavía con el teléfono junto al oído, me paré ante la puerta de entrada de Jota Francioni, tocando varias veces mientras esperaba a que alguien me respondiera en la policía, preguntándome como era posible que no respondieran el teléfono designado para emergencias de vida o muerte y deseando con todo mi corazón que lo hicieran para no tener que entrar allí sola.

Cuando nadie respondió, actué y trece minutos más tarde, escuché el "clic" avisándome que la cerradura había cedido y que no había vuelta atrás. Solo entonces colgué, guardé el teléfono ya medio descargado y la ganzúa en el bolsillito de la bata de baño y abrí la puerta.

Adentro del apartamento 3B, todo era oscuridad y no había señal de Jota Francioni. Las ventanas y puertas de madera al balcón estaban cerradas, así que dejé la puerta abierta para alumbrarme el paso un poco con la luz del recibidor, sintiendo el peso de la decisión de entrar en una casa a la que nadie me había dado permiso para entrar. (Recuerdo que la frase "allanamiento de morada" me vino a la mente justo en ese momento. Parece que de tanto escuchar horrores en las noticias, me había convertido en toda una experta sin darme cuenta.)

Había varias cajas en esa sala y un sofá oscuro al que le faltaban los cojines del asiento. En el piso, alrededor del sofá, vi muñecos amontonados: rotos y sin ropa y fueron como un recordatorio: no solo estaba entrando de manera ilegal en donde no me habían llamado, sino que además estaba entrando en la casa de alguien que no estaba bien de la cabeza.

Avancé entonces, inhalando hondo con la intención de aclarar con un poco de aire mi cerebro despavorido, pero en vez de oxígeno, lo que me invadió fue un olor intenso a mangó podrido que, unido al calor denso y holgazán de ese lugar, me recordó a otro lugar, también olvidado por Dios.

Fue una máquina de tiempo aquel olor dulce y putrefacto y me llevó en segundos a un momento en el tiempo que había borrado de mi memoria: el momento en que escapé el hueco rancio de una niñez brutalizada y violenta y me vi, una niña flacucha y descuidada, de largas trenzas negras, haciéndole frente a hombres viejos y depravados, pero bendecidos con la fuerza que Dios debió otorgarle a todas las niñas del mundo. Ese olor, lejos de debilitarme o de causarme nauseas, me serenó, me calmó y me convenció por fin de algo que me había repetido a mí misma sin convicción durante años: que no había nada que temer y que a veces en la soledad había más paz y más protección que en el seno de una familia. Así entonces, intoxicada por ese aroma de mis memorias, dejé atrás la poca luz de la bombilla que entraba todavía desde el recibidor y me adentré por aquel pasillo negro en busca de la fuente de lo podrido.

Nunca podré explicar con exactitud lo que encontré allí aquella madrugada. Había cuartos vacíos, más juguetes rotos, algunos uniformes; fatigas azul verdosas como los que se usan en las salas quirúrgicas de los hospitales. Había también dos peceras sin agua en el piso, con tablas de madera encima y lo que me parecieron muchísimos ratones amontonados adentro.

Yo seguía avanzando por aquel pasillo oscuro, cada dos pasos volteándome a ver a mis espaldas y, cada vez, el espacio que dejaba tras de mí lucía tan negro y tan profundo como un pozo, en vez de ser solo el tramo de pasillo que recién había atravesado.

Al final del pasillo había una cocina amplia que, excepto por la multitud de moscas, de platos sucios y del calor insoportable que lo llenaba todo de la neblina rosada que solo es posible en el Caribe, parecía el lugar en el que recién se iba a celebrar La Última Cena. Había una gran mesa de madera rectangular y sobre ella cajas y más cajas de frutas, algunas frescas, otras podridas hacía mucho. La mayoría de las frutas eran los mangós que estaban en temporada, pero también había bolsas de acerolas, quenepas y muchísimas guayabas. Sobre la estufa también llena de cacerolas sucias, dormía una buena cantidad de moscas intoxicadas y una cédula de identificación: Jesús Manuel Francioni, Conserje, Clasificación A, Hospital San Jorge. Era su rostro, pero en la foto se veía diferente, desencajado, sus facciones desalineadas, con ángulos que no sumaban lo que debían y una mirada tan artificial como fija.

Las moscas eran tantas y volaban en una formación tan densa, que me recordaron a unos muñequitos que alguna vez vi de pequeña llamados "Los Picapiedra", en los que un escuadrón de moscas picudas perseguían al "hombre de la casa" cada vez que se pasaba de goloso. Para neutralizarlas un poco y poder pensar, agarré unas cajas de frutas gusanosas y las llevé a una esquina de la habitación con la intención de dirigir las moscas hacía allí. Pero tan pronto hice ruido con las cajas, escuché un aleteo intenso seguido de uno de aquellos alaridos pellizcados.

El aleteo venía de la pared izquierda de la cocina, la que estaría más cerca de mí habitación y cuando puse mis manos sobre ella, se movió porque no era una pared, sino una puerta corrediza pintada del mismo color de la pared, que deslicé para ver por primera vez la otra mitad de mi rellano bajo el tragaluz.

Era un espacio igual al mío, de quizás dos por tres pies. Allí estaban los cojines del sofá que faltaban en la sala y, sobre ellos, una mujer pequeña con una bata de hospital asquerosa y el pelo sudado y encaracolado alrededor de un rostro delgado, casi consumido. Verla, ya no estármela imaginando, me provocó un hipo compulsivo y sin pausas, cada uno como una argolla que se unía con el próximo en un collar extendido de sonido ahogado, una variación enferma del lamento cantado que me había llevado allí y que yo, en mi inocencia de días atrás, había catalogado como grito de gato.

Me puse en cuclillas para acercarme a la mujer y el olor que me abofeteó era una combinación de todo lo que se escapa de los seres humanos cuando ya no hallamos donde esconder nuestras miserias: llanto, excremento, sudor y hasta el deseo solitario de un hombre enfermo estaban allí, en aquel dos por tres.

Traté de levantarla y haciéndolo me di cuenta de que no era una mujer, sino una niña de enormes ojos y tan delgada que casi no tenía cachetes ni labios, solo frente y ojos y pelo.

—¿Puedes hablar?

Abrió la boca y emitió un maullido y supe sin lugar a dudas que esta niña y la mujer que me había estado llamando sin decir mi nombre eran una y la misma.

—¿Dónde. Están. Tu mamá y. Tú papá? —le preguntó mi hipo.

Su rostro se oscureció e hizo gesto de no saber, señalando al cielo con la barbilla.

—¿Eres huérfana? (Y, Dios mío, perdóname, estaba tan flaquita que deseé que lo fuera para quedarme con ella y cuidarla.)

Volvió a hacer gesto de no saber y a señalar hacia el cielo hasta que miré a donde indicaba y los vi: por lo menos una docena de murciélagos oscureciendo el vidrio del tragaluz sobre aquella diminuta cavidad. Todos negros, todos como muertos, suspendidos a distintas alturas, sus alitas de ardillas voladoras extendidas. Desde el que estaba más cerca, a unos tres pies de altura, había un tubo plástico por el que corría algo amarilloso como el vómito y que llegaba hasta donde estaba la niña, pero que no estaba conectado a ella, solo amarrado a su brazo con una goma elástica como las que usan quienes se drogan por vena, permitiendo que el líquido se regase, empapando su bata.

Al lado de la niña, estaba el murciélago que había escuchado caer en medio en mis martillazos. Lo miré por un momento y me sorprendió ver una carita hermosa. Negra y peluda, redondita, con sus ojitos cerrados como los de un angelito negro. ¿Lo habría matado yo con mi martillo? Sus compañeros aleteaban, chasqueando ahora, conscientes de que la intrusa se disponía a remover una parte crucial del hábitat que ellos vigilaban. El sonido era asqueroso y sentí desespero por salir de allí.

"Te voy a sacar de aquí, ¿okey?

La niña miraba al vacío con ojos aterrorizados.

"¿Te ha hecho daño? ¿Francioni?

Pestañeó sin dejar de mirar al vacío como si no me hubiese oído y yo me concentré en levantarla, como si no le hubiese hecho una pregunta, identificándome con ella de inmediato; la solidaridad de los niños victimizados.

Yo seguía haciendo fuerza por levantarla de aquel espacio tan reducido sin tocar el murciélago, pero ella no me ayudaba. Había cerrado los ojos, desfallecida, y le retiré el pelo de la cara, queriendo hablarle para que hiciera un esfuerzo. Fue en ese momento, temiendo que se me muriera, que la reconocí: la niña de las noticias. La que se habían llevado del hospital. Estaba segura. Mi corazón latía, pero ya no de miedo sino porque yo lo hubiese dado todo por una muchachita pecosa como aquella.

Me quité la bata de baño y trataba de envolverla en ella y de ubicar mi teléfono, cuando escuché una voz a mis espaldas.

—No la puedes mover.

Era Jota Francioni y del susto casi caigo sentada sobre los cojines que habían servido de cama, habitación y prisión, pero ni así solté a la niña.

—La policía está al llegar, ¿okey? Si yo fuera tú, escapaba ahora—dije, pero no sé si me entendió porque mi terror era tan fuerte que perdí el control de mis mandíbulas y de lo que sea que hace que el cerebro pueda producir palabras.

—¡Está enferma! —me gritó él y comenzó a pegarse a sí mismo muy fuerte en plena cara.

Yo no decía nada porque me moría de miedo de tenerlo tan cerca y no lograr recordar en qué bolsillo estaba la ganzúa, ni como la sujetaba si la ubicaba. Él también estaba agitado, hablando como si estuviese a punto de llorar a causa de una enorme frustración.

—¡La estoy curando! Porque las demás se murieron y... por ley de probabilidades, ¿okey? ... por ley de probabilidades, coño... ¡Pero no la podías moveeeer!

Como el loco que era, caminaba de un lado para el otro mirando para todas partes hasta que vio la caja de mangós que yo había puesto en una esquina y fue hacía allí sin mirarme, como decidido. Empezó a revisar la caja de mangós, a contarlos, diciendo cosas como que yo no tenía que estar allí, dos, cuatro, que él no molestaba a nadie, siete, ocho. Lo demás no lo entendí porque estaba tan enfurecido que sonaba a jeringonza. Yo seguía tratando de ubicar el bolsillo de la bata de baño en la que había puesto la ganzúa, pero tenía a la niña cargada con ambos brazos y no podía pensar.

—La comida de ellos, doce, bendito sea el diablo, yo no sé porque puñeta—catorce— se tienen que meter con uno—dijo trayendo las cajas de regreso a la mesa y tirándolas allí con furia.

No sé cuantos minutos pasaron así, pero en algún momento levantó la voz y la niña, sus ojos cerrados todavía, se contrajo tanto contra mi pecho que pensé, "No tengas miedo. Yo daré mi vida por ti", queriendo transmitirle mis palabras y entendiendo, como si lo hubiese visto a través de una puerta entreabierta, que yo no era tan diferente de aquel loco frenético cuya soledad lo había llevado a obsesionarse con una niña que no era suya.

Quizás por eso, cuando oí a la policía tumbar la puerta que Jota Francioni encontró abierta y cerró con tanto sigilo que yo jamás lo escuché, me dio lástima y hasta tristeza verlo levantar los brazos en rendición, mirando hacia sus murciélagos como si solo le pesara no haberles podido dar su suero de mangó una última vez.

Pero a nosotros no nos miró, ni a la niña ni a mí. Ni siquiera cuando se lo llevaron arrestado y nunca supe que vio en mi rostro que lo hizo despotricar sin atreverse a atacarme. ¿Quién sabe lo que piensa un loco? Quizás es tan sencillo como que olvidó que estábamos allí.

Esa mañana de lunes, viajé en la ambulancia con la niña, pensando en la alegría de su mamá, la mujer que yo había visto llorar en el noticiero, cuando la viera. Pero cuando llegamos y abrieron las puertas de par en par para sacarla con todo y camilla, la mujer que se acercó corriendo como si volara, era otra. Confusa, miré a la niña y solo entonces vi que no era la que yo pensaba. Esta niña era mucho más pequeña, tendría ocho o nueve años y no era rubia, sino morena. En su rostro no había una sola peca. Fue tanto mi asombro, que no atiné a rogar que me dejaran abrazarla una última vez antes de que se la llevaran.

Los investigadores insistieron en transferirme al Hospital Pavía para que los médicos me revisaran a mí también. El doctor que me atendió me dijo que era normal confundir rostros de gente, incluso alucinar, en momentos de mucha tensión, de terror, pero no me parecía posible y pasé muchas semanas dudando de todo lo que veía, escuchaba y recordaba.

Me enteré luego por los investigadores, que los murciélagos de Jota Franzioni eran llamados Murciélagos de la Fruta porque eso comían. Que él les dijo a los policías que sabía más que los médicos y que había creado un "protocolo" para curar a los niños del pabellón de trastornos hematológicos del hospital que consistía de mezclar su propio semen con sangre extraída de sus murciélagos alimentados con puré de mangó y que en su delirio pensó que inyectaba a la niña con ese suero, aunque la policía no encontró marca de aguja alguna en su cuerpecito. Cuando aquello, yo no quería saber mucho para no volverme más loca de lo que ya me sentía, pero sí quise saber si durante el interrogatorio, el que fuera mi vecino había entendido, aunque fuera por un instante que había torturado a una niña indefensa y a animalitos inocentes. Los detectives no sabían, pero pensaban que no.

Lo que sí sabían era que no se habían encontrado los muñecos rotos ni los ratones en peceras que yo había visto. Insistieron en que tratara de recordar, en que era necesario corregir la incongruencia de esos "pequeños" detalles de mi testimonio. Pero no debe haber sido tan vital nada porque un buen día, cuando se cansaron de que eso fuera lo que recordaba y de que no pudiera estar segura de si en realidad los había visto, o si solo los había imaginado, me dejaron en paz.

La otra niña también fue devuelta. La policía de Chicago la encontró en la casa de su padre y los noticieros cubrieron a la madre subiendo al avión en el que viajaría a buscarla. Me pregunto aún si el secuestro de esa niña fue lo que le dio la idea a Jota Francioni de hacerse pasar por enfermero para llevarse a la mía. Digo la mía, porque nadie me quiso dar su nombre y no fue publicado en la prensa por ser el nombre de una menor que de alguna manera había sido agredida sexualmente.

A veces, cuando me viene a la mente algo de aquella madrugada, ya sea el olor a mangó descompuesto, o la carita de angelito de aquel murciélago negro, hago un esfuerzo y pienso en la niña, abrazada a mi pecho, mientras el loco que la había lastimado daba gritos a escasos pasos de nosotras. Pienso en lo fuerte que es, en que su mamá la ama y, seguro, la protegerá como nadie me protegió a mí. Que sobrevivirá y se recuperará, pero que también se convertirá en una mujer que le tendrá miedo a los murciélagos, que no comerá mangós y que, como yo, tampoco sabrá jamás cómo vivir sola.

Pena máxima

Kianny N. Antigua

—¿Para dónde? —exhaló Chu como respuesta durante los pocos segundos que el macizo le dio al sacarle el miembro de la boca y soltarle la cabeza.

Chu se estaba quedando en una furgoneta abandonada en el estacionamiento de un centro comercial de mala muerte. Se pasaba los días buscando qué comer y cómo complacer a los pocos que le permitían la cercanía. De vez en cuando ayudaba a botar la basura del supermercado por unos cuantos dólares; otras veces, fregaba los trastes que se acumulaban en el restaurante chino y casi siempre se pasaba yendo y viniendo, haciéndole mandados a las muchachas del salón de uñas, a las cajeras de la casa de cambios, al dueño de la compraventa y al de la tienda de juguetes sexuales (menos al dueño de la licorería; a ese señor no había quien le lambiera la arepa). Conocido entre los empleados de las tienduchas que compartían el gueto del centro comercial, pero invisible, ante todos, invisible.

Una noche, como tantas en las que regresaba a la furgoneta con su cena en una bolsa plástica, recibió una visita. Dos sujetos, ni tan sicarios ni tan borrachos lo sacaron a empujones de donde dormía y lo patearon hasta que el cansancio los venció. Si en algún momento se los había encontrado, Chu no recordaba sus rostros y los motivos de aquella paliza nunca salieron a la luz. Minutos después de haberse marchado, uno de ellos, el más corpulento de los dos, regresó. Encontró al joven todavía en el suelo del estacionamiento, con la mirada perdida, retorciéndose del dolor. Lo cargó, lo metió en la furgoneta y dándole cachetadas leves, logró recuperar su atención. Entonces lo volteó, le arrancó el pantalón raído que llevaba y lo violó, con menos contemplación con que, minutos antes, le rompiera una costilla a patadas. Satisfecho, lo dejó allí, tirado y sangrando por todas sus hendiduras.

Chu nació en Jutiapa, Guatemala, un pueblo fronterizo con El Salvador. Pasar los primeros años de su vida allí, "donde la tierra es seca y los hombres son malos", suelen decir, fue para Chu lo más cerca de vivir en el paraíso: echar gabelas por los prados junto a sus hermanos mayores, Jerry y Teo; salir a la hora más oscura de la mañana junto a su padre para ir al establo a ordeñar las vacas que cuidaban, y luego ayudar a su madre a preparar la crema y el queso fresco. Chu fue feliz, un niño que crecía en el seno de una familia pobre y amorosa. Feliz hasta que dejó de serlo.

Meses después de haber cumplido los ocho años, en un acto de iniciación, tres chicos que buscaban entrada a La Mara, apuñalaron a Jerry hasta que lo que quedó en el suelo ya no parecía un cuerpo humano. Jerry era apenas dos años mayor que Chu y encontró la muerte mientras compraba un refresco en la tienda de la esquina. En un intento por salvar a los dos hijos restantes, la madre se llevó a Teo, que por ser mayor podía echarle una mano, y se fue a vivir con una tía a

Flores, unos 500 kilómetros al noreste de Jutiapa, y el padre decidió cruzar las fronteras (primero la mexicana y luego la estadounidense) con Chu; allí trabajaría por unos meses y seguirían rumbo a Canadá, pensaba.

Sin mucho entender, pero con el rostro bañado en polvo y lágrimas, Chu se despidió de su hermano y de su madre, cuya desesperación solo era menos que su amor. Tras pagar lo acordado, él y su padre se subieron a la cama de una camioneta y, desde allí, el niño vio a Consuelo, su madre, por última vez.

Las casi tres semanas que tardaron en llegar a Nogales, México, agotaron al padre como no lo hicieran todas las madrugadas y las hambres de su existencia. Algo de aquella muerte, y de aquella forzada separación lo habían herido de una forma irreversible. A Chu también, a quien parece los hechos le habían robado la habilidad de levantar la cabeza.

Bien se podría decir que llegar a los Estados Unidos fue un éxito, empero, como en aquellas películas de terror inverosímiles, donde el personaje huye y corre, corre a toda velocidad y con todas sus fuerzas y a la vuelta de la esquina lo espera, relajado, el monstruo: cruzando el desierto de Arizona, junto a otros corredores de la noche, el padre simplemente desapareció. El niño lo buscó, claro que lo buscó, pero sin éxito alguno. Sin muchas opciones, resolvió continuar junto al grupo que avanzaba, hasta que uno a uno de sus miembros fue separándose, alejándose.

Esa no fue la única vez que lloró la pérdida de su padre ni la pérdida de su madre ni la pérdida de sus hermanos;

esas tampoco fueron las horas más temerosas, ni de mayor soledad, de su corta existencia.

A los dos días de la violación, la sed y el calor lo sacaron de la furgoneta y una cajera que fumaba frente a uno de los negocios, lo auxilió. A pesar de su estado, no pasaron dos noches sin que volviera a recibir la visita del fortachón.

Eventualmente, los golpes cesaron, pero la brutalidad sexual no. Chu no veía más opción, excepto la de satisfacer al fornido. No era cosa de palabras, Chu no sabía su nombre y viceversa. Sin embargo, en una ocasión el sujeto le hizo una pregunta:

—¿Por qué no te vas? —pero ni siquiera hizo un gesto cuando escuchó la respuesta del joven que tenía metido entre las piernas.

Semanas largas en esto, tantas que pasaron a ser meses. Chu detestaba aquellos actos, pero hubo días en los que incluso llegó a esperar a su verdugo. La soledad, juega sus fichas como le place. Pasaron meses sin que el sujeto diera luces de vida, al punto que Chu llegó a sentirse liberado, capaz de retomar el sueño que le heredó al padre de juntar suficiente dinero para mandar a buscar a su madre y su hermano, con quienes no había tenido comunicación alguna desde el día aquel, siete años atrás, en que padre e hijo se subieran en aquella camioneta, con vista hacia el norte.

Un día, casi un año después, el macizo regresó; esta vez volvió con quien lo hiciera la primera vez y con una bolsa de basura al hombro. Después de despertarlo a empujones, dejaron la bolsa allí.

—¡Encárgate de eso! —le ordenó el fortachón.

Chu permaneció inmóvil. No quería abrir la funda, no quería estar allí, no quería pensar, no quería ser; quería huir. Sin darse cuenta, se encontró a sí mismo abriendo la gruesa funda solo para encontrarse con otra dentro y dentro yacía el cuerpo descuartizado de una mujer.

Desesperado y movido por el pánico, salió de la furgoneta, con la bolsa a rastras y la tiró en uno de los contenedores de basura del supermercado. La tapó con otras bolsas malolientes para ocultar aquella pesadilla y, temblando de pavor, regresó a su guarida.

La mañana le llegó con los ojos abiertos, petrificado. No sabía siquiera qué pensar. Los días siguientes, no obstante, pasaron sin contradicciones mayores. El macizo no volvió más a interrumpir su soledad (ni su sueño) y todo apuntaba a que, como los crímenes de barrio, a nadie le interesaba una muerta más. De todos modos, tomó la decisión de irse, continuar su viaje norte arriba, empezar en un lugar distinto, estudiar incluso. Solo unos días más que pudiera recolectar el pasaje de autobús y listo, tanto pasado pesado quedaría atrás.

Lo que no logró su suerte lo definió el vaho. El olor a putrefacción del cuerpo de la mujer llamó la atención de los recolectores de basura y en unas horas las autoridades inundaron el centro comercial. La joven no era del barrio; tenía nombre y apellido y su familia movió todos los medios a su alcance para que se hiciera justicia.

No pasó mucho cuando los detectives pusieron uno y uno y detuvieron a Chu, a quien, bajo las circunstancias que lo circundaban, la cárcel terminó pareciéndole un buen lugar para cobijarse. Allí por lo menos no estaría solo. Pero los abogados fiscales no perdieron tiempo en sacar a colación la supuesta relación de su hermano Jerry con La Mara, y por deducción y osmosis filial, la suya. Aunque en más de una ocasión el joven le explicó a su abogado, a su defensor, lo que había sucedido, junto al hecho de que no había nada que ataba a Chu con la difunta, al abogado no se le estaba pagando lo suficiente como para iniciar una pesquisa prudente que corroborara la versión del acusado, la versión de su cliente.

Chu había cumplido ya los dieciocho años por lo que fue juzgado como adulto. En menos de cuarenta y cinco minutos, doce jurados decidieron que sólo una persona despiadada y de mente enfermiza como la de José María de Jesús Taveras, «Chu», podría haber cometido un crimen tan horrendo. El juez del tribunal le dio la pena capital. A Chu nunca le dieron la palabra.

La última colada de café

Dainerys Machado Vento

Rosa María cerró el periódico y supo que no había marcha atrás. Su reportaje sobre la vieja cubana que había asesinado a dos trabajadoras sociales ocupaba la primera plana con unas letras rojas horribles. Eran menos de las siete de la mañana. Si salía rumbo a casa de Haydée en ese instante, llegaría antes que la edición matutina del *Herald*. Quería decirle asesina en su cara y confesarle que estaba orgullosa de haberla denunciado públicamente. Le daría tiempo, sobre todo, para hacerle frente antes de que la policía la arrastrara a la cárcel del condado.

Salió. Se montó en el pequeño KIA y, sin calentar el motor, agarró la US1. Desde el viejo apartamento de Secofee Street, le tomaría apenas quince minutos para llegar hasta la calle 88 y la 72 avenida del sur. Era un viaje en línea recta y no había tráfico a esa hora. La calle de seis carriles, usualmente atestada de carros y camiones, lucía abandonada. Rosa María quiso pensar que aquello no era el lugar común de un mal cuento, sino el impacto de su reportaje de investigación, conmocionando a la comunidad del sur de la Florida.

Saboreaba el recuerdo de su titular, letra a letra. Le había tomado más de seis horas convencer al editor de que no debían dejar fuera ningún dato: "Llegó de La Habana en los vuelos de la Libertad y es una asesina serial". Él le dijo que sonaba a título viejo, que los vuelos de la libertad habían sido noticia en 1968, que ya nadie se acordaba de eso. Ella defendió su causa: "es que ese título dice más cosas, mijo, dice que los cubanos que se creen dueños de Miami son unos conservadores de mierda, peores que Fidel Castro". Y para cerrar una discusión que no estaba dispuesta a perder, Rosa María le aceptó al editor la invitación a tomarse las cervezas que llevaba tres meses posponiendo. Todo sacrificio valía la pena en su apresurado camino hacia el Pulitzer.

La línea recta de la US1 subrayaba la aridez de un Miami repetitivo. Cada semáforo parecía el mismo semáforo; cada edificio en construcción, el mismo edificio. Al timón, Rosa María soñaba despierta. La fama estaba a la vuelta de unas horas, en las llamadas de editores que empezarían a pedirle reportajes de investigación, en las entrevistas con CNN en inglés. "Nada de español de hoy en adelante, please". Podría dejar de perseguir a David Beckham para hacer noticas de cinco líneas sobre el indeseable estadio de fútbol en el North West; no más caerle atrás a aquel venezolano, que ahora vivía en el Grove y se la pasaba hablando mal de Chávez, a pesar de todas las arepas que habían tragado juntos desde el 98. Era el momento de brillar con luz propia, de hacer periodismo de verdad y no la mierda que los latinos se empeñaban en escribir en Estados Unidos. Tenía mil razones para sentirse repuñeteramente happy, aunque no se hubiese tomado el café de la mañana.

Imaginaba a los repartidores de periódicos tirando el *Herald* en los portalones de Granada Boulevard. Podía oler a los carteros de la Sauesera, caminando bajo el sol y metiendo la noticia de los asesinatos dentro de cada buzón. Saboreaba esa imagen romántica de un Miami suspendido en el tiempo, donde la realidad era que los pocos que leían el periódico lo hacían en las pantallas engrasadas de sus móviles gigantes.

No se sentía culpable de estarle jodiendo la vida a Haydée. Al final, le quedaban pocos años y esa vieja se merecía todo lo malo que le pasara. Fue capaz de declararse presa política, montarse en un avión a Miami, sin boleto de regreso, solo por irse detrás de un macho. Abandonó a sus dos hijos en La Habana y, por si eso fuera poco, les heredó su asma y su diabetes. Perdió todo contacto con ellos durante más de cuarenta años. En Miami se integró a los Comandos Z. Marchó contra el gobierno de Castro por la Calle Ocho, incluso cuando Castro ya estaba muerto. Reunió dinero para comprar armas, para retomar mil invasiones frustradas. Todo ¿para qué? Para terminar con tremendo complejo de persecución mientras trabajaba en una farmacia Navarro, adonde iban los viejos sin familia a comprar café al dos por uno; todo para volverse la mujer más infeliz del mundo y vivir presa de los recuerdos de sus mejores años como bailarina de Tropicana. Haydée se merecía el daño que aquella denuncia pública podría hacerle, tenía que verse frente a la culpabilidad de todos sus actos y merecía pagar por las muertes de esas dos trabajadoras sociales.

Rosa María vio a lo lejos la señal verde y roja del Pollo Tropical. El KIA se sabía el camino. Hizo izquierda y llegó al condominio. La llave de la reja estaba en la guantera.

Hacía tres meses cumplía con el ritual de hacerse pasar por trabajadora social en casa de la vieja, y nada había cambiado aún, tampoco el acceso al condominio. Cambiaría después, más tarde ese día, pero aún todo estaba en su sitio. No hay minuto más rutinario que el que precede a la tormenta.

Rosa María parqueó, como siempre, en el espacio reservado a los discapacitados y vio a Haydée echándole agua a una palmera medio seca que tenía en el portal del apartamento. La vieja la recibió con una amplia sonrisa y dos brazos enfangados que se abrieron evocando un abrazo lejano. A pesar de la candidez de la bienvenida, Rosa María se alegró de que aquel fuera el último día que tenía que poner un pie en aquel lugar. En cuanto se bajó del carro, sintió el olor del café recién colado y decidió tomar un poco antes de restregarle la verdad en la cara a Haydée. Así de predecibles son los tomadores de café cubano, antes que todo, el vicio.

–Buenos días, mija. Qué bueno que llegaste temprano. Hice café. Pasa para que te tomes una colada.

–Con dos cucharadas de azúcar y sin leche, porque ese Bustelo huele bien.

–No. Es La Llave. El Bustelo no estaba en oferta esta semana.

"Es que caminas con los codos", pensó Rosa María mientras se adentraba en el pequeño apartamento adornado por fotos de santos y pesos cubanos, todos igual de amarillos.

Las dos sentadas en los viejos sillones de madera, con las manos ocupadas por tazas diferentes, comenzaron a mecerse en el silencio de la mañana que no despertaba. Ni las cotorras que volaban siempre sobre el barrio de Pinecrest, ni los carros insistentes de la US1, ni los motores del Good Year, nada quería desperezar a la mañana, como si la vida hubiese sido puesta en pausa, mientras el olor del café inundaba la pequeña sala y se trepaba por las paredes.

El apartamento que el Social Security le ayudaba a pagar a Haydée en el Kendall House Apartments era perfecto. Rosa María nunca entendió por qué la vieja se empeñaba en mudarse al vetusto edificio de la Calle Ocho donde vivió alguna vez. Regresar a la bulla del cubaneo indomable parecía una pesadilla. Pero todo tenía que ver con esa forma amargada y dramática de enfrentar la vida que tenían casi todos los cubanos llegados a Miami antes de los años noventa, lamentándose siempre del desarraigo, recondenados en la ciudad-pantano de donde siempre querían irse pero nunca se iban.

–Voy a morir en la misma pobreza en la que llegué a este país –fue Haydée quien interrumpió la modorra–. Tres mudas de ropa gastada que caben en una bolsa de nylon, la foto de una madre que ya no recuerdo y un montón de planes sin cumplir. Tuve de todo, casa, carro, tres maridos, dos perros; pero al final voy a morir en la misma pobreza en la que llegué. En este apartamento ni mascota puedo tener porque se jode la alfombra. En el edificio de la Calle Ocho la gente por lo menos saluda por las mañanas, pero me dijiste que no se vacía ningún apartamento hasta dentro de seis meses.

–Anjá. No hay nada para ti–Rosa María la cortó.

Le molestó que la vieja se pusiera melancólica de repente,

cuando ella quería celebrar el éxito, su juventud, su futuro, el dinero, el Pulitzer, las entrevistas en CNN. Hacía mucho tiempo se había dado cuenta de que Haydée tenía un sexto sentido que la dejaba predecir las desgracias. Sabiduría, le llamaban los ridículos. Pero esa "sabiduría" solo hacía más difícil cuidar viejos ajenos, llenos de arrugas y puntos negros, como recordatorios perennes de la decadencia final de la vida.

Cuando Rosa María empezó a ocuparse de Haydée, haciéndose pasar por trabajadora social para confirmar su hipótesis de que era la asesina de las mujeres que le precedieron, supo que no existía un ser humano en el mundo a quien le pudiera tener más asco que a aquella señora. La culpaba de las muertes de dos jóvenes migrantes que habían llegado a Miami en busca de mejor vida. Pero la culpaba también por tener que andar encubierta, haciendo periodismo en un mundo sórdido de medicinas, nostalgias, olores a mentol y meado ajeno. La culpaba de no haber dejado Cuba con resignación; pero también de no volver a Cuba en más de cincuenta años, si tantas ganas le tenía a la isla.

–Nadie sabe el futuro que le espera... —y antes de terminar la frase, Rosa María supo que era un error tratar de conversar con Haydée como si nada hubiese pasado, porque no estaba dispuesta a fingir más solidaridad con aquellos dramas, mucho menos en el día más importante de su carrera.

—Yo sí sé mi futuro —le ripostó Haydée—. Lo he visto muchas veces. Lo he leído en las cartas, en el fondo de la colada del café. Algunas mañanas, Rosa, aún me sorprende, pero siempre he sabido cuál será el final.

-Bueno, si lo dices así, todos sabemos cuál es el final, porque todos los finales son el mismo.

-¿Te acuerdas del vestuarista de Tropicana del que te hablé muchas veces?

-¿Del viejo maricón que las toqueteaba mientras les abrochaba las blusas?

-Ese mismo. Estaba loco. Creo que siempre he tenido debilidad por la gente rara. La última noche que bailé en el cabaret, le dije que me iba del país. Fue el único que se enteró. Ni a mis hijos les dije. Yo no me atreví a contárselo a nadie más porque cualquier indiscreción podía joderme el viaje. El vestuarista lloró como un niño con la noticia. Se llamaba Virgilio, tenía nombre de poeta, pero manos de rastrero. Lloró un minuto, así, exactamente como los niños a los que se les olvidan los motivos de sus perretas, enseguida se secó las lágrimas y se fue a tocarle las tetas a otra bailarina.

-¿Y eso qué? Por cierto, Haydée, este es el peor café que has hecho en tu vida, aguado como el coño de su madre.

-El café está bueno, mija, lo hice especialmente para ti.

-No, Haydée, este café está malísimo. Prueba esta mierda.

-Pues hay días en que pienso mucho en Virgilio. Antes de cada show siempre decía la misma bobería: uno puede morir de luz o morir de peste, pero lo que hay es que vivir bailando.

-Parece que el consejo no te sirvió de mucho porque vives con tremendo tragiquismo.

-¿Por qué siempre repites eso? Yo he sido muy feliz, maridos y perros no me han faltado. Y a diferencia de ti, no he culpado a nadie de mis problemas.

–A Fidel Castro, por ejemplo. Te has pasado la vida echándole la culpa a Fidel Castro de tus desgracias.

–Ese fue tremendo maricón. Pero en Cuba, todos nos equivocamos. A estas alturas, creo que habríamos cambiado más rápido las cosas si nos hubiésemos quedado a tumbar a la revolución aquella, que de revolución tuvo como tres minutos. ¿Tú te acuerdas de lo que te dije el día que nos conocimos?

–Ay que sí, ¿cómo olvidarlo si no dejas de repetirlo? Me dijiste que ya sabías que te ibas a morir sola. El mismo drama en el que andas hoy.

También le dijo que estaba feliz, porque había recuperado el contacto con sus hijos cubanos. Le dijo que los teléfonos inteligentes eran el mejor invento chino, aunque no los hubieran inventado en China. Y le dijo que su hija americana, "Kenia, la que nació aquí en Miami", la estaba enseñando a usar un celular para llamadas y trámites bancarios. Ya podía llamar a sus hijos de vez en cuando, estaba aprendiendo a enviarles mensajes y dinero por internet. También le dijo que su última trabajadora social había sido una nicaragüense que dejó de ir a atenderla un día, de buenas a primeras. Y desde ese momento de la conversación, Rosa María no escuchó mucho más de lo que Haydée contaba, porque confirmó que estaba en el lugar correcto para encausar su investigación. Sintió que llevaba muchos años viviendo envuelta en aquella empresa periodística que la ponía al borde de la impaciencia cada semana. Solo se le habían escurrido tres meses, pero allí, sentada frente a Haydée y sus puntos negros, Rosa María no pudo recordar una palabra de las cosas buenas, y se empingó todavía más por todas las horas perdidas a la sombra de la vieja.

–Yo lo único que sé Haydée es que si te mueres sola, no vas a ser ni la primera ni la última. Conozco a una nicaragüense y a una mexicana que se murieron solas aquí en Miami y, peor, cuando no les tocaba. Parecía que no tenían nada en común: una era soltera y la otra casada, trabajadoras de diferentes empresas de cuidados para personas con discapacidad. Dariana y Maritza; diferentes peluqueras, diferentes dentistas, diferente todo, menos el haber trabajado para una misma vieja hija de puta, obsesionada con que todo el que se acerca viene a hacerle daño. Lo que pasa, es que en este país los viejos son invisibles, desechables, disposable, y por eso nadie sospecha de ellos.

–No existimos.

–Las dos trabajadoras sociales murieron envenenadas, Haydée. Qué falta de tacto. La diferencia es que la mexicana, la Maritza, se quedó inconsciente mientras manejaba. Chocó el carro en la US1 y la 22, y el envenenamiento tardó en ser descubierto por los peritos, hasta que la autopsia se completó.

–Y la habían envenenado con bótox.

–Pero todos pensaron que se había intoxicado con el aumento de labios que se hizo unas semanas antes de morir. Es que, coño, en Miami somos superficiales hasta para explicar a los muertos.

–El envenenamiento no es común en la ciudad, pero el bótox es parte del paisaje. También se sospecha que otros accidentes o suicidios ocultan las verdaderas estadísticas de ese tipo de envenenamientos.

–¿Qué pasó, Haydée? ¿Te obsesionaste con esas dos mujeres como te has obsesionado conmigo? ¿O no estabas de acuerdo con que dos sudacas te quitaran el dinero del cheque mensual?

–No, mija no. Nada de eso. Yo solo leí el periódico esta mañana. Leí el reportaje malísimo ese que escribiste. Yo hace años que no sabía nada de Maritza, la pobre, y a la Darliana esa no la conocí.

–Se llamaba Dariana. Y no me jodas que el periódico aún no ha llegado. No se puede ser mala madre, asesina, drama queen, hija de puta y mentirosa. Ya es too much, my dear.

–¿Recuerdas qué te dije el día que viniste a buscar trabajo?

–Que te dije que sí.

–Parece que no. Porque te advertí que estaba aprendiendo a usar el celular de mierda ese que me dio mi hija. En Miami, te adaptas o te mueres.

–Hay una tercera opción: te pudres en la cárcel.

–Si me muero en la cárcel, por lo menos no me muero sola.

–Que no te vas a morir sola, cojone'. Me tienes loca con esa cantaleta.

–Yo no sé qué te hice Rosa María, yo no sé. Pero ya vi que lo tuyo son las fake news, las fake tetas y los fake todo. Sabías, mejor que nadie, que me integré a los Comandos Z solo porque me prometieron tramitar visas exprés para mis dos hijos en Cuba. Te conté que me fui de Cuba porque me iba a quedar sin trabajo en Tropicana y a una mujer de casi cuarenta años que lo único que sabía hacer era bailar, nadie la iba a querer contratar en ningún lado. Tú sabes que Maritza dejó de trabajar aquí hace dos años, y que la nicaragüense que trabajaba aquí se llamaba Dayanara, Da-ya-na-ra, no Dariana.

Rosa María sintió un mareo repentino, un dolor en la espalda baja y pensó que era imposible percibir así de rápido el efecto de ningún veneno. Quizás su hipocondría le estaba jugando una mala pasada. A fin de cuentas, le daban tremendas faltas de aire cada vez que Haydée sufría ataques de asma y se comía barras enteras de chocolate cuando a la otra le daban hipoglicemias.

–Nos parecemos tanto, Rosa María, nos parecemos tanto que podríamos decir que somos la misma persona. Unas infelices —dijo la vieja y recostó la cabeza en el respaldo del sillón, aún aferrada a su taza de café.

–Yo no soy como tú, yo no vivo con tu drama y tus nostalgias. Yo voy a Cuba cada seis meses, I speak English, manejo un carro del año —Rosa María trató de levantarse del sillón, pero no le respondieron las piernas—. Tampoco voté por Trump, ni quiero matar de hambre a la gente en Cuba. No, Haydée, no somos iguales. Yo no me voy a morir pobre en un apartamento que parece un basurero.

–Nos parecemos tanto, querida mía. Cuba nos ha hecho a todos tan iguales...

Rosa María se quedó inmóvil en su sillón. Escuchó las sirenas. Seguramente dos carros de bomberos y uno de la policía, despliegue de las fuerzas de protección en Miami, tan repetitivas como la ciudad. Esperaba que llegaran a tiempo, para eso había dejado la reja del condominio abierta.

Desde donde estaba no podía ver a Haydée. Su cuerpo, inmovilizado por el bótox, le impedía girar el cuello. Calculaba que la vieja dejaría de respirar en cualquier momento, si no lo había hecho ya. La dosis de veneno que puso en su café era suficiente para paralizar instantáneamente unos pulmones tan debilitados por el asma como los de Haydée. Su propia intoxicación la libraría de toda sospecha y la convertiría en la estrella de la ceremonia de entrega de los Pulitzer. "Allá voy CNN, wait for me". No escuchó cómo rompían la puerta del apartamento, pero le pareció ver una luz. Aunque la asustó un poco no sentir más mareos, no pudo evitar pensar que estar intoxicada de bótox en Miami era una paradoja a la que le podría sacar muchísimo dinero.

Recordando a Laura

Margarita Drago

Hoy he vuelto a pensar en Laura. Vuelvo a ella o quizás sea ella la que viene a mi memoria cuando ando a los tropiezos por la vida. Nos conocimos en México, en un congreso de familiares de detenidos desaparecidos. Antes de ese encuentro yo había oído hablar de ella en los organismos de solidaridad por Argentina, en los que se la conocía como una gran luchadora. Además, había leído muchas veces su descarnado testimonio y tenía inquietud por conocerla. Sólo me bastó verla y hablar con ella para que su imagen de mujer entera se grabara para siempre en mi memoria.

Laura perdió a todos sus seres queridos en la guerra: a sus hijas y sus yernos, a su esposo y a sus nietos. Aunque cada uno de estos casos, ocurridos en circunstancias y tiempos diferentes, es particularmente horrendo, el que más me afectó, tal vez por la cercanía de las experiencias, fue el de su hija Aída.

Aída Leonora era maestra y trabajaba en un centro de alfabetización en la Villa de emergencia de Monte Chingolo, cerca de la Capital Federal. El 24 de diciembre de 1975 los militares la secuestraron en su puesto de trabajo. "El día precedente –dice Laura en su testimonio- ese lugar había sido escenario de una batalla, que había dejado un saldo de más de cien muertos, incluidas personas del lugar. Mi hija, después de secuestrada fue llevada a la guarnición militar Batallón 601. Allí fue brutalmente torturada, al igual que otras mujeres. Las que sobrevivieron fueron fusiladas esa misma noche de Navidad. Entre ellas estaba mi hija. [...] Todos los cuerpos, incluido el de ella, fueron trasladados con palas mecánicas desde el batallón a la comisaría de Lanús, de allí al cementerio de Avellaneda, donde fueron enterrados en una fosa común".

La Navidad en que fusilaron a Aída fue la primera que pasé en la cárcel. Para ese entonces yo llevaba dos meses de detenida. Esa noche, cuando en el sótano de la Alcaidía de Rosario nosotras gritábamos ¡asesinos! ¡asesinos! a los guardias que cantaban borrachos frente a los torturados, no podía saberlo con certeza, pero presentía que, en ese momento, en otros tenebrosos rincones de Argentina estaban torturando y fusilando compañeros.

La noticia del copamiento del Batallón 601 que dirigió el Ejército Revolucionario del Pueblo nos llegó a la cárcel por informes clandestinos. No recuerdo si entre los nombres de los fusilados figuraba el de Aída. Pero ahora, cuando pienso en esos días, y me veo prisionera en el sótano, la recuerdo, o más bien, me la imagino. Veo las manos cortadas de su cuerpo puestas en un frasco con un número: lo que le mostraron a su madre, Laura, el 8 de enero de 1976 en la comisaría de Lanús, donde había ido a reclamarla.

Cuando nos vimos en México hablamos de Aída, y aun cuando su rostro no escondía las huellas del dolor, a Laura se le llenaba la boca al nombrarla. Por momentos, su imagen se volvía la imagen de mi madre, y yo me identificaba con Aída, y sentía cuando me despedazaban el cuerpo y cuando me perforaban las balas, y veía a mi madre como una loca sobre mis despojos, y la veía a Laura, encorvada, recogiendo los restos de su hija, juntando su cuerpo a pedacitos y metiéndoselo en las entrañas.

En esos días que compartí con Laura la descubrí grande y hermosa, completamente humana. La vi llorar a solas por Aída y por Irene, por Santiago y por Adrián, por Victoria y su hermanito Hugo Roberto. La vi como una fiera defendiendo a sus cachorros cuando en aquella tribuna denunciaba, con nombre y apellido a los culpables. La vi también sonreír, compartiendo la mesa, el pan y los recuerdos con otras mujeres grandes como ella. Será por eso que hoy pienso tanto en Laura.

Bosque de muñecas

Melanie Márquez Adams

El empleado de la gasolinera nos advierte del peligro. Un psicópata acaba de escapar de una prisión cerca de aquí. "No creo que sea buena idea que pasen la noche en la montaña", nos dice. Tose y se traga lo que arroja su garganta. "Por más de una década ese lugar fue el coto de caza favorito del asesino—ojo que ustedes son su especialidad. Muchachos con sus damitas en busca de un buen rato".

"Mejor guárdate tus cuentos de viejo chocho y cóbranos las cervezas, amigo", contesta Ricardo. Al resto nos cuesta disimular la risa. Andrés intenta calmarnos, pero acaba uniéndose a las carcajadas.

El anciano mueve la cabeza. "Allá ustedes. Solo recuerden: quien ríe último..."

Insisto a los chicos. Las noticias, las recomendaciones. No es seguro. Pero ellos, como siempre, descartan mi opinión—nuestra opinión. Ya Mariana, no te pongas histérica, dicen, lo que pasa es que ustedes las mujeres no entienden de estas cosas. Entonces nos dejan saber que son ellos los que están a cargo, que nos dediquemos a disfrutar. Ahogan nuestras protestas subiendo el volumen de la radio y seguimos el camino hacia la montaña. Durante el trayecto no puedo sacarme al hombre de la gasolinera de la cabeza, sus ojos hambrientos, la palabra "damitas" deslizándose por sus dientes amarillos como miel rancia. La oscuridad de un túnel nos envuelve. El ascenso es lento. Retorcido. La estática se va apoderando de la música hasta que acaba con ella por completo.

Durante el camino al parque nacional continuamos burlándonos de la historia del viejo. Qué asco acabar así. Pero ya en la montaña, luego de encender el fuego, entre cervezas y alaridos, nuestra risa se va transformando en rabia. ¿Por qué tiene que ser un hombre el villano de la historia? pregunta Ricardo. El monstruo, el psicópata, siempre un hombre. Hollywood es bastante injusto con nosotros. Las mujeres también, dice Javier dirigiéndose a las chicas, no entienden que somos incapaces de hacerles daño. No podrán encontrar a nadie mejor o más educado que nosotros. Siempre cumplimos con nuestra palabra: que les entre eso en sus delicadas cabecitas. Con sus quejas y sus marchas lo único que consiguen es molestarnos. ¿No ven que somos las verdaderas víctimas?

Las cejas de Andrés se levantan, pero no dice nada. Ante las caras de shock de las chicas, les hacemos cariñitos. No sean amargadas, dice uno de nosotros, es una broma de Javier, ya lo conocen. Aullamos al cielo escarchado mientras nos bajamos otra ronda de bebidas. La espuma se escurre por nuestras barbillas y trituramos las latas antes de lanzarlas hacia el bosque.

En el colegio las monjas nos enseñaron a ser buenas niñas, a mantenernos castas, modestas. Nos dijeron que debíamos ser sumisas, obedientes. Por eso resultó confuso cuando los chicos empezaron a arrinconarnos en las fiestas, a sobarnos las nalgas. Que no, dijimos. Que paren, pedimos. Pero ninguno de ellos paró.

Las salchichas revientan al calor de las llamas agitando los espíritus de los animales. La grasa brilla en nuestras manos y las chicas imploran que nos limpiemos antes de tocarlas.

¿No escucharon?, les recuerda Ricardo, según el viejo de la gasolinera vamos a morir esta noche, así que qué más da. No sean quisquillosas. Todos chocamos los puños, excepto Andrés quien por algún motivo se ha puesto igual de sensible que las chicas.

Si de verdad hay un asesino escondido en el bosque, continúa Ricardo, va a tener que vérselas con nosotros. ¡Aquí te esperamos! grita a la oscuridad. No te tenemos miedo.

Javier me empieza a tocar con sus manos grasosas. Me resisto, le digo que no tengo ganas, que estoy preocupada por lo que acecha allá afuera. Pero él no hace caso, lanza un "no seas tonta" y sigue tocando. Digo que no y lo empujo despacio. En la luz siniestra de la fogata, sus ojos reflejan pantanos. Cavernas. Una alarma se enciende y sé que debo rendirme.

Miro hacia el bosque mientras me besa el cuello y desabotona mi blusa. Me pierdo un rato en el susurro del viento chocando con los árboles hasta que un resplandor me hace parpadear. El claro de luna rebota en el cuchillo—el asesino me ve mirarlo y me saluda de lejos. Sonríe cortésmente.

El crujido de los escalones nos despierta. La puerta de la cabaña se abre muy despacio y de pronto algo siniestro nos contempla. Apretamos los puños y nos alistamos para el cuchillo de carnicero, la sierra eléctrica, el machete. Por eso nos sentimos defraudados cuando es una de las chicas la que grita. Salimos de la cabaña y nos tropezamos con Amanda. Yace en el suelo, todavía tibia, con una mueca de terror congelada en el rostro. La sangre apenas empieza a reclamar su lugar en la superficie, como si una flor tímida estuviese brotando desde las entrañas del cuerpo.

Una mujer la primera víctima. ¡Qué predecible! Encima la más guapa de todas.

"Maldita sea, el asesino anotó un diez", dice Ricardo.

Las chicas voltean a mirarlo espantadas.

Él les ofrece su sonrisa más seductora. "Ya, no sean exageradas. Por su bien, será mejor que se relajen".

Escuchamos una risa a lo lejos. El sonido espeluznante lanza a las chicas hacia nuestros brazos. Nos complace que necesiten de nuestra protección.

"No se preocupen, pequeñas", les dice Javier, "mantendremos guardia toda la noche. Ustedes son nuestras mujeres y no permitiremos que nadie más las toque".

Entonces las encerramos en la cabaña y ordenamos que guarden silencio.

Se lanzan el cuerpo unos a otros, moviéndolo a su antojo como si fuese una muñeca de trapo, un títere. Ensucian su melena larga y rubia con el lodo hasta que se cansan y la dejan sobre las raíces de un roble. *Intento limpiar la sangre de su rostro, de sus manos. Empiezo a cantar, pero el golpe de los truenos ahoga mi voz. El resplandor y los rugidos se apoderan del bosque como bestias que se alistan a destruir lo que encuentren a su paso.*

Nos escondemos tras los arbustos, entre las sombras, sin perder de vista la cabaña. Las horas van pasando y no hay señal del monstruo. No es justo, dice Javier, ¿por qué las chicas pueden darse el lujo de quedarse dentro, secas y abrigadas? Ellas felices de la vida y nosotros aquí a la intemperie. Luego vienen con el cuento de la igualdad y no sé qué.

Andrés empieza con uno de sus sermones, pero los coyotes lo interrumpen. Desde la profundidad del bosque nos regalan sus aullidos. Contestamos al llamado y las dos manadas se alborotan.

La niebla se va asentando y ellos nos piden que bailemos, que sonriamos. Si no sonreímos, no estamos complaciéndolos, nos dicen. Sus bocas traicionan. Sus cuerpos exigen. Los aullidos de los coyotes son cada vez más altos, más insistentes. Desde los árboles nos llega el lamento de un ciervo: el aire se rompe y los alaridos de victoria se elevan sobre nosotras. El aliento a sangre lo invade todo.

Nos despertamos con la cabeza palpitando y el vómito seco en el rostro. Bostezamos, nos estiramos y reímos soñolientos. Entonces la escuchamos. Una de las chicas grita. Ha estado gritando durante un buen rato, dice Andrés. Afuera de la cabaña, Mariana apunta con su mano pálida hacia los cuerpos que cuelgan de los árboles. Las piernas de las chicas se mecen al viento en un ritmo tenue y sensual como si estuviesen bailando para nosotros. Ahora que son ornamentos silenciosos las sentimos más nuestras que nunca.

Ya solo queda Mariana.

"Voy a morir aquí", murmura con la mirada perdida. Ricardo comenta que así con el pelo sucio y alborotado y con lágrimas de rímel atravesando su rostro, casi podría pasar por una zombi sexy.

"Tranquilízate", le pide Andrés. "Todo va a estar bien. Nosotros te vamos a proteger".

Pero la boca de Mariana se contrae en una sonrisa. Sus labios partidos se abren y rompen en una carcajada.

"Ustedes... ¿Ustedes me van a proteger?", sigue riéndose, "¿así como lo hicieron con las otras?"

"No seas malagradecida", dice Javier.

Pero ella no para de reírse y su risa se siente como mil dagas que se clavan en nuestros oídos.

"No sabes lo que haces. Deja de reírte de nosotros", le advierte Andrés. Nuestras mandíbulas se tensan. Nuestros puños se van cerrando.

"Son ustedes los que no saben nada", responde Mariana sin titubear. De verdad cree que es más inteligente que nosotros.

"¡Cierra la boca!", rugimos.

"Solo muerta", nos grita. Da un salto y echa a correr.

Nos lanzamos hacia ella, pero es mucho más ágil que nuestros cuerpos atrofiados por la resaca. Conseguimos rasgar su vestido. Escondidas siempre bajo demasiada ropa, no nos podíamos imaginar sus curvas.

"No corras hacia el bosque", grita Andrés. "¡Allí está el asesino!"

Aunque las ramas se empeñan en detenernos, la risa de Mariana nos guía directamente hacia ella. Si tan solo dejara de reírse de nosotros, quizás estaría a salvo. Quizás todos estaríamos a salvo.

El hombre del cuchillo me llama. No lo puedo ver, pero sé que me está llamando.

Los chicos ordenan que pare. Que voy directo al peligro, me dicen. Cuando era niña, no me enseñaron las cosas que pueden decir los hombres para meterse entre mis piernas.

Pero ya no les creo.

El resplandor me guía hacia el fondo entre los árboles—un faro que ilumina el camino a casa. Ellos siguen dándome órdenes. Yo no dejo de correr. Corro hasta ya no sentir las piedras clavándose en mis pies. Corro hasta cuando ya no duele respirar.

Primera vez

Oriette D'Angelo

Mi tío Miguel tenía veintitrés años la primera vez que mató a alguien. "Chama, tú todavía no habías nacido y no debes saber de lo que te hablo, pero yo fui uno de los responsables de lo que se conoció como la Masacre del Observatorio". Miguel estudió Derecho en la Universidad Central de Venezuela y, al graduarse en julio de 1981, empezó a trabajar de inmediato como detective en la Dirección General Sectorial de los Servicios de Inteligencia y Prevención (DISIP). "Allí era bien valorado que se tuviese la sangre fría, y tú sabes como soy yo, que no me tiembla el pulso para meterme en problemas", dijo mientras prendía un cigarro. Yo, estudiante de Derecho y apasionada por la criminalística, escuchaba ansiosa el resto de la historia. "Desde que entré a la Facultad sentí mucha afinidad por las clases de criminología. Hasta tuvimos un profesor que nos llevó a la morgue en la segunda clase y ahí empecé a hacerme amigo de los patólogos. Pero la masacre... eso es algo que no olvidaré jamás."

Ocurrió en el Barrio El Observatorio de la Parroquia 23 de Enero. "Eran nuestras prácticas de tiro, ¿sabes? Teníamos varios meses investigando a delincuentes de alta peligrosidad que entraban y salían de la cárcel todo el tiempo. Un día, nuestro jefe nos dijo que debíamos ir vestidos de civiles y "practicar". Mis compañeros ya lo habían hecho, pero era mi primera vez", dijo, pasándome el cigarro para que diera una calada. "Mierda", pensé. "Y aquí es cuando todo se jode, porque a pesar de ser una operación de rutina para la DISIP, las cosas salieron mal".

Miguel vive con mi abuela en un apartamento que da hacia el mar. Estoy de visita, como siempre, para pasar las navidades y recibir el nuevo año. Cada vez que vengo me gusta sentarme en el balcón y sentir que el viento roza mi cara, especialmente de madrugada, cuando escucho el sonido de las olas y la música a todo volumen de alguna de las casas.

Desde el balcón también puedo ver la casa de mi exnovio, Rafael, quien tocaba el piano en la academia de música donde ambos estuvimos de adolescentes. Cada vez que vengo, mientras fumo, me siento aquí y fantaseo con la idea de que puedo escuchar su piano en la distancia. "Moonlight Sonata", como siempre. El balcón, ese balcón, es mi sitio favorito de la casa. La sala, por otro lado, tiene una colección de figuras religiosas y cuadros de mal gusto. A mi tío le gusta pintar e intervenir "artísticamente" objetos que consigue en la basura. Hace unos días llegó al apartamento con una mesa a la que luego le pegó cristales y un tablero de backgammon. Orgulloso, me dijo que se lo regalaría a mi madre para Navidad.

En marzo de 1983, aproximadamente a las diez de la mañana de un sábado, el aquel entonces jefe de la Dirección de Operaciones de la DISIP convocó a mi tío y a sus compañeros a una reunión porque se había presentado "una situación". "Así era el trabajo allí, teníamos que estar disponibles los fines de semana y yo estaba ladillado de levantarme temprano luego de salir a rumbear". Su jefe les encomendó la tarea de acabar con un asunto que venía azotando al barrio desde hace un par de meses. Luego de coordinar la estrategia con la cual entrarían al barrio y asesinarían a los delincuentes, se cambiaron la ropa, se quitaron cualquier tipo de identificación que los vinculara con la DISIP y se armaron con pistolas decomisadas que estaban en el depósito para que no pudieran rastrearlos.

En Venezuela, matar es realmente fácil. Siempre lo ha sido. Para esa fecha, las "operaciones especiales" eran tan comunes que ya no escandalizaban a nadie. El cadáver de un delincuente era un no-cadáver. Un pedazo de materia que podía ser desaparecido, apilado, mutilado, quemado, disuelto. No importaba. "Esas operaciones se hacían por lo menos una vez al mes. De esta forma, los cuerpos policiales podían controlar a los delincuentes. Si no era así, a esos bichos los agarrábamos y a los dos días estaban en la calle. Matarlos era más fácil porque terminabas con eso rapidito".

Me fui a Caracas a estudiar y venía a Lechería cada tanto. Aquí crecí, pero ya no quedaba ninguna de las personas que consideraba importantes. Mi primer novio, Leo, se había ido a vivir a Perú. Rafael, el pianista, se había mudado a Chile al igual que mi mejor amiga, Marta. Volver era contemplar sus casas vacías, caminar por los lugares que algún día conquistamos y en los que pasamos una adolescencia feliz. Ahora esta ciudad era mía y de todos sus fantasmas.

"Llegamos al barrio y plomo. Lo recuerdo todo, chama. Mi mano casi-temblando mientras le colocaba a uno de ellos la pistola en la frente. No es fácil, chamita, tienes que cuidar que el pulso no falle y asegurarte de no dejar viva a la persona. Son dos reglas, es sencillo y, una vez que apuntas, tienes que disparar. Y una vez que disparas, tienes que asegurarte de haber matado". El corazón me latía tan rápido que sentí que la bala que había disparado iba directo a mi propio cerebro. Boom. Explicó cómo luego del primer tiro todo lo demás es fácil. Incluso se levantó e imitó la posición que debe adquirir el cuerpo cuando apunta una pistola. "A ver, mira, agarra esto y te enseño", dijo, mientras me pasaba una botella de agua que estaba en la mesa. Yo, obediente, me paré a su lado e imité los movimientos. "Exacto. No tenses el pulgar, trata de relajar la mano". Yo quería hacerlo bien. Quería que supiera que le estaba prestando atención.

En un minuto habían matado a diez personas, pero varias de las familias del barrio habían salido a ver lo que ocurría y no sólo impactaron a los delincuentes. "Había niños tirados en el piso. Niños de siete, ocho años. No salió bien, el barrio se molestó y empezaron a dispararnos. Pensaron que éramos de otra banda y mataron a dos de los nuestros. Tuvimos que cargar los cuerpos de nuestros compañeros para sacarlos de allí porque nadie podía saber que éramos policías. Entonces yo agarré y cargué el cuerpo baleado de Joaquín y..."

Mi abuela, apoyada en su bastón, había salido de su cuarto y nos observaba con inquietud desde la puerta. "¿De qué coño están hablando ustedes? Ya saben que no me gusta que se hable de esas cosas en la casa. ¿Tienen hambre? ¿Quieren algo de comer?" Respondimos que sí y mi abuela se fue a la cocina a calentar unas lentejas. Mi tío vive con ella desde que se divorció de la mujer con la que siempre ha dicho que pasó los mejores seis meses de su vida. "Y, por cierto, tío, ¿sabes algo de mi primo Luis?", pregunté. "A veces le escribo, en Navidad y en su cumpleaños, pero no siempre responde". Miguel voltea la mirada y se queda viendo fijamente la pared. Es un hombre demacrado y le es imposible permitirse dosis de nostalgia. "Pero bueno, no hablemos de esas tonterías, deja que te siga contando", dijo mientras se enderezaba en el mueble.

"Al salir del barrio nos fuimos directo a la comandancia con los cuerpos. Salió en las noticias que habían muerto quince personas y que cuatro de ellas eran niños. Nuestro jefe apareció en televisión diciendo que estaban investigando y que presumían que se trataba de un ajuste de cuentas entre bandas por asuntos de droga. ¡Droga! ¿Quién iba a creerse esa vaina? Teníamos los cadáveres de nuestros compañeros apilados en el calabozo. Al día siguiente los enterramos en una fosa común que teníamos para esos fines. A la familia se les notificó que esos agentes habían salido a un operativo especial y que no habíamos vuelto a saber de ellos".

Yo no lo juzgaba. Esto no era peor que las veces que, de pequeña, me llevaba a comprar crack con él. A mi madre le mentía y le decía que me llevaría a McDonald's, pero en realidad me buscaba porque sabía que, si había una niña en el carro, ningún vendedor de droga le haría daño. Tampoco era peor que aquella vez que lo vi lanzarle una botella rota a una prostituta en la calle. Ni la vez que lo vi golpear tanto a mi madre que la pared quedó manchada de sangre y al día siguiente mi abuela tuvo que contratar a unos albañiles para que lijaran la mugre y pintaran de nuevo la pared.

Pero también estaban esos días en los que de niña me despertaba de madrugada luego de escuchar ruidos en la cocina y lo encontraba friendo cebollas empanizadas. "Chamita, ¿quieres cebollas?", preguntaba luego de verme mirando de reojo. Comer de madrugada era nuestro ritual, nuestra forma de comunicarnos. Unos días eran cebollas, otros patas de pollo, carne con papas. En secreto, comencé a no cenar antes de dormir sabiendo que todas las noches los ruidos de la cocina me convocarían. Mi tío no dormía por las noches y no trabajaba, así que todos los días se despertaba a las cuatro de la tarde y sólo a partir de allí comenzaba su jornada.

"Era parte de mi trabajo, chama. Yo quería ser un buen detective y tenía que practicar con algo". Aprender a disparar con cuerpos reales le hacía sentir el sonido del metal impregnándose en la carne. La posición en la que caen los cuerpos siempre es distinta y, para mi tío, esto representaba un verdadero trabajo de campo. Algo que no podía aprenderse en los libros.

Luego de la Masacre del Observatorio, mi tío tuvo que irse tres meses a Italia. Al apilar en fosas comunes los cadáveres de sus compañeros, se fue para calmar un poco los aires y evitar cualquier contacto con personas que quisieran investigar el incidente. Al volver de Italia, trabajó en la DISIP durante nueve años más. "Nadie nos identificó, la gente del barrio enterró a sus muertos sin hacer muchas preguntas. No se volvió a hablar sobre la matanza y la gente no se acuerda, pero chamita, el rostro de la primera persona a la que matas no se olvida nunca. Esa vaina me persigue hasta el sol de hoy".

Nos sentamos todos en la mesa para almorzar. "El trabajo en la DISIP me gustó mucho, matar no se me hizo difícil, pero lo hacías tanto que si te descuidabas corrías el riesgo de que te gustara. Trabajando allí nunca olvidas cómo se usan las pistolas, aunque en la Masacre del Amparo la mía se cayó al suelo porque me tembló el pulso, pero eso te lo cuento luego", dijo mientras agarraba una olla grande y nos servía a todos un plato de lentejas.

La Chivata

Gizella Meneses

Otra vez golpeaban la puerta los malditos testículos de Jehová. Bueno, así les decía la abue y así le decíamos nosotros a la abuela. Según la abue, no es blasfemia hablar de las bolas de Jehová porque nosotros creemos en Jesús y no es lo mismo. ¡Foquin testículos! arrojaba mi hermano desde su cuarto. Escogían el día más inoportuno para hacer su recorrido, la mañana sabatina, justo el día cuando se nos pegaban las sábanas. Toc, toc, toc. No era un golpe contundente, por lo menos eran educados. Nosotros, en cambio, católicos—peso liviano, creyentes en un espiritualismo chamánico, nuestro conocimiento bíblico, cuasi nulo. Sin embargo, mi abue les abría la puerta—café en mano, rulos y cigarrillo— y se ponía a discutir:

—¡Jesús es Dios, punto final!

Lanzaba argumentos que le convenía a la vieja, aunque sí daba en el blanco de vez en cuando. Proclamaba ser católica pero el único rastro que le quedaba era el podcast que le instalamos—de su querida patria, Radio Católica Ecuador, donde escuchaba el rosario a full volumen, *...Santa María, Madre de Dios, ruega por nosotros pecadores, ahora y en la hora de nuestra muerte. Amén.* Por los siglos de los siglos, cada noche.

—Señora, venimos a brindarles las buenas noticias de Dios.

Después de media hora de ping pong religioso, eso sí los testigos muy formales—la abue, en cambio, una soberana patana—se dirigían a la siguiente casa. Nos dejaban el Watchtower en inglés, como si alguien lo fuera a leer. Derechito al tacho de basura. El ruso de al lado, el Yakovito, ni les abría. En realidad, era lituano, pero para la abue toda la gente de Europa del este es rusa y todos los asiáticos al este de Afganistán, chinitos. Ni como darle la contra a la vieja y ni cómo competir con su verbosidad.

Nuestro bildin, en la esquina de la Leland y la Paulina, era una mezcolanza de nacionalidades. Desde la puerta de la calle se olían los frijoles cocidos con pata de puerco, goulash húngaro, borscht, y patacones fritos. Éramos familias en su mayoría, excepto los apartamentos del primer piso, que eran de un solo cuarto, y el del béisman. La Chivata hacía la limpieza y vivía en ese apartamentito del béisman que antes, supuestamente, había sido un clóset. Recibía paquetes y salía a cada rato. Decían que era una mula pero Memo, el boricua del primer piso, me dijo: niña, ma' claro no puede estar, a esta mujer yo la vi hablando con unos manes en una Chevy sin placas, tipo policía, tú sabe, todo down-low, y luego, una cuadra más allá, despué' de un par de hora', recibiendo un paquete que olía a esa' vainas de los hípsters—esa es una Chivata, soplona, infórmate, mija, cuidao. Optamos por Chivata y así se la bautizó el bildin entero.

La Chivata llevaba lo que serían ocho meses de embarazo como un viacrucis. Cada mañana rumbo a la universidad le saludaba con un, buenos días—en español, claro, porque sabía que era su lengua nativa, de un lugar en el Caribe—y ella me lo respondía con el gesto de siempre, alzaba la quijada, fruncía los labios y levantaba las cejas, la misma mueca que hacía mi mamá cuando quería señalar a alguien en la calle. Casi nunca se dejaba ver los dientes, quizás porque los tenía podridos. Jamás sonreía. El Yakovito decía que la Chivata era una adicta al meth. Esa revelación estaba de sobra.

Leandro siempre me esperaba en el tren de la Ravenswood. Lo tomábamos juntos y nos bajábamos en el centro de Chicago. Él para su trabajo. Yo me cambiaba de tren y seguía hasta UIC, a la facultad de literatura, aunque en casa les decía que estudiaba economía. Mi mamá ya me lo había advertido, "solo los hippies estudian literatura y arte; las carreras de verdad son economía, informática y administración de empresas." Qué va, sentada en un escritorio el resto de mi vida...ni pensar.

Era un martes por la tarde, de regreso de la universidad, en pleno invierno chicagüense, de esos que te hacen replantear tu humanidad. Doblé la esquina ya casi en casa y me arrolló un viento que me partió la cara. Cerré los ojos. Cuando los abrí, vi a la Chivata en el alley con un gillette abriéndose las venas del antebrazo derecho. Empezó a gritar:

—¡Que salgan los bichos! ¡Que salgan! ¡Que salgan!

Me saqué la chompa y envolví su brazo, la sangre salía espesa, viscosa, como un surtidor de brea con hipo. Pensé que se me iba a morir. Memo fue el único que me avanzó a ver tirada en el suelo con el brazo de la Chivata. Fueron seis minutos, contados por el Fitbit de Memo, pero para mí había pasado el período jurásico enterito. Por fin llegaron los de la ambulancia.

—Eso son lo' crank bugs, dijo el Memo.

—Crank bugs o no crank bugs la tipa se abrió el brazo entero. Y ahora me toca botar toda esta ropa. Ufff.

—Si tú no estaba' justo ese ratito, la Chivata marcaba calavera junto con ese bebito.

La Chivata regresó esa misma madrugada engazada. Yo estaba leyendo en mi cama y oí lo que abría la puerta de entrada. Tenía listos los binoculares de mi hermano atisbando cualquier movimiento o sonido. Le había conocido a la Chivata unos dos años y nunca había pensado en su vida, ni lo que hacía ni a donde iba. Del resto del bildin lo sabía todo, por la entremetida de mi abue, claro, que salía a cada rato a fisgonear. Basta con que mi abue supiera que la Chivata era adicta para que no se acercara, "una nunca sabe, le pueden seguir con una jeringuilla y luego me pasa ese síndrome, no, no, yo aquí entre estas cuatro paredes." Cuando le vio embarazada, lo único que dijo mi abue fue, "pobre criaturita llegar a este mundo..." —suspiro detenido.

Admito que la Chivata se convirtió en mi pequeña obsesión. Leandro vino hasta la casa a buscarme, pero le metí el cuento de que estaba agripada, tos, tos, suena, suena. De tanto show, creo que hasta me salió un moco, de esos de cuando te da el veredazo de verdad.

"Bueno, me voy" —dijo. No le tocó más al pobre.

Decidí faltar dos días enteros a clase para seguirle y ver qué hacía. No me fue mal como espía. Era algo innato en mí, los secretos, el voyerismo, y, aunque no lo quiera admitir, la desmesurada curiosidad—herencia de la abue, por supuesto.

Como la Chivata no llevaba horario de banquero, me tocó trasnochar y estar al aguaite, con la ropa de invierno encima y las botas puestas por si me tocaba salir corriendo. Ese día su primera salida fue a las 4:43 am. Salté disparada de la cama y la encontré. Bajó por la Paulina y viró en la Wilson y luego se metió por un alley después otro. La vi que se iba hasta el fondo donde no había salida. Ahí estaban unos hombres homeless alrededor del fuego de un basurero pequeño. Ella se acercó a ellos con ese mismo gesto de saludo que conocía bien y ellos le hicieron un espacio. Se calentaba las manos encima de la llama. La luz de la lumbre le iluminaba. Me fijé en su perfil, tenía las orejas un poco grandes para el tamaño de la cara, pero bien formaditas, las pestañas medias largas, la tez trigueña casi canela, y, si no me equivocaba, los ojos verdes. Jamás me había percatado de estos detalles, ni en plena luz del día. El pelo era chureado y andaba siempre despeinada. En otra vida, esta mujer debió haber sido hermosa.

Era como observar un cuadro, nadie hablaba y cada persona se calentaba en frente del fuego. Uno de los hombres hasta se asaba una salchicha, la grasa caía y se reventaba. La Chivata sacó una jeringuilla para calentarla también. Yo no sabía que se podía inyectar meth, o sería caballo, o crack. Los dientes eran de meth, eso lo tenía por seguro. Después de varios intentos, seguía sin poder encontrar la vena. Se inyectaba en el dorso de la mano y seguía sin éxito. Ya casi vencida, vi que sacó su brazo, el mismo que se había abierto el día anterior. Hizo un hueco en la gaza y metió la jeringuilla. No soltó ni un chis pero se le veía en la cara un vacío helado, seguido de una expresión de trance.

Regresé a la casa a desayunar, pronto me tocaría la segunda ronda y quien sabe que tan lejos tenía que ir.

—En este clima no debes salir a la calle y peor con la gripe que te mandas, repetía mi mamá como mantra budista.

La segunda salida fue a las 9:12 am. La Chivata caminó tres cuadras a un edificio que parecía abandonado. Salió alguien a la puerta, le dio un paquete y luego anduvo seis cuadras más. Entregó el paquete a un tipo de otro bildin que parecía que también le esperaba. Todo era señas, nadie decía nada, era una producción en cadena cronometrada. Así seguimos todo el día, a las 11:36, a la 1:22, a las 4:18, sucesivamente. Al fin del día se encontró cerca de nuestro bildin con los policías de los que me había hablado el Memo.

—¿Qué haces afuera?, me regañó el Leandro.

—Nada, caminando. Ya estás como mi mamá.

—No disque estabas enferma.

—Sí, pero ya ves, casi compuestita.

Caminó conmigo hasta la casa, pero notó que andaba como jirafa torciendo el cuello para observarle a la Chivata que estaba al frente. No le quise decir nada.

—¿En qué andas?

—Queti.

Él ya sabía cómo terminaba esa frase y soltó una carcajada.

No sé si se convenció, pero le dejé que me acompañara hasta la casa. Hasta le di un beso, de esos largos, él totalmente envuelto en el acto, y yo con los ojos abiertotes intentando ver lo que ocurría en la otra calle.

Ese trajín pude aguantar dos días. Luego ya tuve que regresar a la vida. Una vez hasta golpeé su puerta. Pensé en los testigos y si algún rato ella les habría abierto. Quería saber si a ella también le habían dejado el Watchtower.

Volví a mi rutina. Solo de vez en cuando me animaba a seguirle. Veía las mismas caras, los mismos narcos, las mismas mulas, los mismos paquetes, los mismos policías. Leandro se impacientaba; pensaba que andaba con otro. Me daba igual. No le dije nada hasta que un día se asomó con las últimas noticias del barrio.

—Encontraron a una mujer anoche. Le abrieron la panza y le sacaron el bebé. De aquí a tres cuadras. Se murió la man, una adicta.

—¿Cómo sabes?

—Aquí lo dice.

Y me mostró su celular. Los titulares de todos los periódicos de la ciudad eran los mismos: Matan a una embarazada y sacan al bebé. Seguí leyendo y efectivamente mencionaban que era una adicta y que era latina.

—La Chivata, murmuré.

Mi abue alzó las orejas para escuchar. Leyó y se persignó.

Los detalles eran espantosos. Le abrieron la panza, pero antes le habían cortado una oreja y un dedo, el pulgar izquierdo. Le sacaron al bebé y no se sabía si el bebé estaba vivo o muerto. La Chivata no aparecía y el bildin entero estaba atemorizado. No podía ir a clases, ni comer ni dormir. Después de una semana mi mamá me dijo que ya era hora de despabilar. Me fui al baño, me senté bajo la ducha y lloré. Es como que hubiera sido algo mío. No sé qué me pasó, pensaba en su cara, en las orejas bien formaditas, en la criaturita, en el hecho de que era zurda. Sí, zurda, por la manera en que se abrió las venas.

Me fui a la U y decidí ir al centro de salud. Me apunté para hablar con una psicóloga porque esto ya no era normal. Acarreaba generaciones enteras que rehusaban cualquier tipo de terapia o ayuda psicológica. Como habrá sido mi desesperación para llegar a esta cita. Mi abue decía, "esos están más locos que uno." Mi mamá aconsejaba a sus amigas, "¿quién cree en psicólogos?, sales peor de ahí." Es decir, los psicólogos en mi familia eran como los fantasmas, o creías o no, y, que yo supiera, no había creyentes, excepto yo, supongo.

Nunca había ido donde una psicóloga. Me pareció tan raro estar ahí sentada en frente de esta mujer que no conocía, pero que pronto se iba a enterar de mis más íntimos secretos.

Apenas empezó la psicóloga me puse a llorar a moco tendido. Entre sollozos pude explicarle lo sucedido y cómo le había seguido a la Chivata y lo que le pasó. La psicóloga me hizo una terapia de relajamiento, donde tenía que cerrar los ojos e imaginarla viva, con salud y buen semblante.

—Respira profundamente y cuenta hasta diez. Inhala y aguanta la respiración por un, dos, tres segundos y exhala. Otra vez.

Creo que era un tipo de hipnoterapia. Su voz era suave y pude respirar un poco, al principio. Me la imaginaba guapa, me acordaba de los detalles que había observado esa madrugada junto al fuego. Traté de acordarme de su perfil, del pelo, de una mujer que en algún momento había tenido un nombre. Luego, me la imaginé sin cabeza y yo brincando. Respira, uno, dos, tres, suelta... Eran brincos donde yo rebotaba y llegaba hasta el cuarto o quinto piso. Yo daba un brinco y, junto a mí, la cabeza de la Chivata sin oreja pirueteaba también, bajábamos y subíamos. Imagina un lago, respira profundo, cerca de una montaña, inhala...exhala... La cara sonriente, los dientes mugres, y los ojos verdes. Sí, eran verdes. Di otro brinco y apareció un bebé ensangrentado dando volteretas también, una y otra, una y otra, una y otra. Respira.

Salí del despacho de la psicóloga resoplando. Si antes no creía en psicólogos, ahora menos. Me ahogaba. De regreso a casa vi que en nuestro buzón había una carta, escrita a mano sin remitente. Decía "Occupant" y nuestra dirección. Dentro del sobre había un papelito, también escrito a mano, *"Jesus is returning soon, be patient. Fear and obey the Lord. Read Luke 21: 1-38, Luke 12:40, Luke 17:34-36."*

Esa noche recé a Jesús, Yahweh, Jehová, Pachamama y todos los santos que conocía, que en realidad eran solo tres. Entre ellos, San Antonio de Padua. *San Antonio, glorioso siervo de Dios...ayúdanos a encontrar las cosas perdidas...Ayúdanos a encontrar de nuevo la vida que nuestro pecado destruyó, y condúcenos a la posesión de la gloria que nos prometió el Salvador...Amén.* Que esté vivo, por favor, que esté vivo. ¿Era mucho pedir?

Confesión

Juana M. Ramos

Fui yo, Abelinda, quien mató a Caín. Al que me robó la posibilidad de una infancia a la luz de todos los días. ¿Cómo lo maté? Con la única arma que pudiera servir para mi propósito. Lo tomé por donde más me dolía, lo até de manos y piernas para evitar que me persiguiera y volviera a tocarme, le vendé los ojos, lo amordacé y lo tiré a la trastienda, justo donde me hallo sentada en una silla dándome golpes de pecho para entumecer la culpabilidad que me asaltó sin reparo a la orilla del camino. Ya en la trastienda me saqué del bolsillo el olvido, apreté el gatillo y lo herí de muerte entera. Al menos eso pensé, por eso esta confesión, pero al decirlo en voz alta me doy cuenta de que estaba dormido, aletargado, esperando el momento en que decidiera enfrentarme conmigo misma. Y hoy, este día, me senté a la orilla de un resentimiento de tan viejo enmohecido, de esos que provocan un escozor en el pecho y hasta en la existencia misma. Tomé los momentos en que disimuladamente y sonriéndole a su alrededor, deshilaba cada uno de mis sueños, en la misma cara de los que debieron protegerme. No recuerdo mi edad, ni mi nombre, ni mis señas personales; no recuerdo siquiera el lunar que hace unos años encontré tirado desidiosamente sobre una de mis piernas. No recuerdo qué idioma hablaba, si el de la alegría o este que ahora se me ha vuelto pura palabra llana. No recuerdo casi nada, excepto mi gorrito de hilo rosa en una mañana de frío inusual, mi suéter diminuto conjugándose con mi gorro armoniosamente; el canto de la aurora (como solía decir mi abuela), a ese al que hay que temerle; la desvencijada rueda de caballitos de cada fiesta patronal; la blancura de aquel pueblo cementero al oeste del país, a unos kilómetros del Cristo Negro de Esquipulas. Persistentes en el recuerdo, un escritorio, de madera rústica, acompañado de una silla sin rodillos, pero con varias peladuras en los brazos, una máquina de escribir y un libro de notas y yo, a la izquierda del escritorio, paradita, observando los objetos que aún se aferran viciosamente a mi memoria, ladridos que amenazan con morder la única de mis infancias que me tranquiliza. Él, sus manos ocupadas, estrangulando un lapicero, cuya saliva azul se derramaba sobre un papel por el que desfilaba una serie de figuritas que más tarde me servirían para dar forma a estas palabras. Lo recuerdo bien, su nombre, sus señas personales y su edad. Un gesto compulsivo que comenzaba en el labio superior y que nerviosamente se retraía y dejaba al descubierto por un segundo sus dientes. Repetía la misma acción sin darse cuenta con sus ojos fijos en mi apenas edad. Apocopaba una que otra palabra como si le pesaran los finales, y se jactaba de la potencia de la diéresis en su apellido capaz de someter el silencio de la u. Todos estos años se ha diluido la memoria de mí misma en su recuerdo, pero sobre todo en aquella pronunciada cicatriz en el dedo anular de su mano izquierda coqueteando a su nudillo y que acusaba un descuido en su momento doloroso. Me acecha la verticalidad de su mirada penetrando la inocente dejadez de un cuerpecito que se precipita a la boca de un abismo que lo lame sin cesar. Y sigue ahí, sentado, gesticulando, ofrendando sonrisas, tan servicial como acechante. Sigue ahí, fagocitando infancias con gorritos rosas. El cortapapeles al alcance. Sigue ahí, con su mueca compulsiva. Me empino para alcanzarlo. Sigue ahí, fijo en mis tiernos años. Como puñal, ya en mis manos. Sigue ahí, mutilando las palabras. Se lo clavo una y otra vez. Sigue ahí, en la ciudad al oeste, la que lleva a Esquipulas. Y sigo ahí, multiplicándole la muerte hasta quedarme sin olvido.

Forense a la luz de la luna

Johanny Vázquez Paz

a María Virgen, en solidaridad

Desde luego que hice un escándalo dentro de las oficinas del Negociado de Ciencias Forenses. Es mi hijo y yo lo quería ver por última vez. Yo lo cargué nueve meses en mi vientre, tengo derecho a reclamarlo. Todas las rabias que tenía selladas en la garganta, todos los odios que aplaqué porque mi madre me machacó eso de que odiar era un pecado, se dieron licencia para explotar como una llanta pinchada cuando el carro va a noventa millas. No podía dejar de gritarles que quería que me lo dieran, que yo me lo llevaba así como estuviera. Y la estúpida que se digna a venir al mostrador cuando no está escondida en la parte trasera, me vino y me dijo que lo sentía mucho, pero estaban cortos de personal y estaban haciendo las autopsias por orden de llegada, que por favor llamara por teléfono en las mañanas para mantenerme informada del estatus del cadáver.

Cuando escuché esa palabra me dieron ganas de agarrarla por las greñas y dejarla calva. *Mi hijo tiene nombre, Tadeo Jesús Méndez Rivera, senñooritaaa,* le dije saboreando la palabra para que entendiera que ni en sueños creía que era casta. *Sepa usted que cuando llamamos a esta oficina de fantasmas, antes de que podamos explicar la razón de la llamada, nos ponen a esperar en la línea al ritmo de una musiquita insoportable, y cuando ya no nos podemos zapatear la cancioncita de la psiquis, alguien tiene la cobardía de colgarnos el teléfono sin un adiós y hasta mañana.* Se lo dije con ganas de comérmela viva, y ella, lo siento, yo soy temporera y no sé mucho de lo que pasa aquí. Ahí fue que en verdad comencé la pataleta, porque este gobierno ha convertido el *Yo solo sé que no sé nada* de Sócrates o Platón o de uno de esos griegos, en muletilla como respuesta a todos los problemas. Que explotó una planta eléctrica y de nuevo se fue la luz; el gobernador responde: *no sé nada, no tengo los datos, voy a ordenar una investigación.* Y rápido aparecen los chavos para darle un contratito a la compañía de alguno de sus amiguitos para que haga un estudio que tardará meses y que nos va a alumbrar con la verdad que ya todos sabíamos: todo está viejo y en mal estado por falta de mantenimiento. Y así contestan todos los políticos: *Yo no sé nada...si algo pasó, yo no estaba allí,* como cantaba Daniel Santos. Y el pueblo dormido, como si la frasecita los hipnotizara, pero a mí, sin embargo, la frase me hizo el efecto contrario, despertó la leona que tenía dormida por dentro. Empecé a gritar a todo galillo: *Yo lo quiero ver por última vez. Denme a mi hijo. Devuélvanmelo como esté. Ya llevo esperando dos semanas, no puedo más...*

Y mi marido Moncho, en vez de ayudarme en la situación, empezó a gritarme que me callara, que estaba haciendo el ridículo, que no le hiciera pasar más vergüenza. Cuando lo escuché fue como si me hubiera dado a beber una poción de rabia embotellada y comencé a gritar más duro porque la *senñooritaaa* se había escabullido de nuevo y quería asegurarme que me oía en donde quiera que se estuviera escondiendo.

Entonces se formó el caos: por un lado los familiares que estaban en el recibidor también empezaron a gritar los nombres de sus muertos y a exigir que se los devolvieran; por otro lado Moncho me jalaba por el brazo para que saliera de la oficina mientras yo lo empujaba para que me dejara quieta; y por último entra un guardia palito a decirnos que tenemos que abandonar el lugar porque van a cerrar por el *lunch break*.

Juro que no sé qué pasó después. Se me fue la vida. Solo sé que cuando resucité estaba afuera tirada en la acera, rodeada de gente desconocida, con Moncho enojado, y con cámaras grabando todo, mientras un alcalde, de yo no sé qué pueblo, hacía un llamado al gobernador para que resolviera la situación. Estos políticos llegan rapidito si saben que hay una cámara de televisión. Ellos bien saben que eso les rinde más votos que un anuncio pagado. Me imagino que de chiquitos soñaban con ser actores, pero la política se les hizo más provechosa.

Cuando llegamos a la casa Moncho encendió la televisión, y ahí estaba yo en el noticiero de la seis, tirada en el piso mientras el dichoso alcalde daba su mejor actuación a cuesta de mi sufrimiento. Nada más Moncho verse con su cara de pocos amigos y los gritos salieron como escupitajos porque lo avergonzaba frente a sus amigos. Saber que sólo le preocupaba lo que dijera la gente me hizo odiarlo como nunca antes, ni siquiera cuando se estaba estrujando con una secretaria de su oficina y casi firmamos los papeles de divorcio. ¿Cómo es posible que no le importe que todavía no hayamos podido enterrar a nuestro hijo muerto?

Al día siguiente fue peor todavía. Ya era media mañana, pero yo estaba todavía tendida en la cama, en parte porque me había desvelado boxeando con mis pensamientos, que no se rinden ni se callan cuando el silencio de la noche les sube el volumen al máximo. También porque no me daba la gana de hacerle el desayuno a Moncho. Le di por donde más le dolía: su sirvienta se había declarado en huelga de brazos caídos. Cuando me estaba montando los cuernos, también hice lo mismo. Me imagino que la chilla no tenía muchas destrezas culinarias porque tres días después llegó mansito a suplicarme que lo perdonara y a prometerme el cielo y las estrellas. De esa reconciliación creo que quedé embarazada de Yesenia.

Esa mañana escuché sus pasos acercarse como estampida por el pasillo, y cuando abrió la puerta casi me tumba de la cama. Entonces me tiró algo y yo me cubrí con la sábana, aterrorizada de que me viniera a pegar. Lo oí gritando sin entender nada, hasta que por fin comprendí qué fue lo que me tiró, me destapé lentamente para buscarlo, lo rescaté de un costado de la cama y lo abrí. Y ahí estaba yo, Inmaculada Rivera, en primera plana del periódico, tirada en la acera, con el pelo revuelto, los ojos bizcos y la cara ida en un trance de espiritista. No podía creer lo que veía: me había convertido en la noticia más relevante del día. Mi sufrimiento acompañando los titulares: *Mujer sufre crisis cuando reclama el cuerpo de su hijo.*

No me atreví a salir de la casa, pero el teléfono no paraba de sonar y los vecinos no dejaban de llegar en busca de información para echarle más leña al chisme. Yo escuchaba como Moncho no dejaba de repetir que yo estaba indispuesta y no podía atender a nadie. Hasta que llegó un periodista procurando por mí. Ahí fue cuando perdió los estribos y le gritó que nos dejaran en paz, que ya estaba bueno de tanto espectáculo. Al rato se fue en el carro, me imagino que al bar de su compinche Filo. Yo aproveché y salí de mi escondite para llamar y preguntar cuál era el estatus del cuerpo de mi hijo. Y, como siempre, alguien contestó y rápido me dijo, *un minuto por favor*, y me dejó escuchando una canción de reguetón hasta que cortó la llamada.

Al otro día desperté con la musiquita en la cabeza, aunque ahora el *dura, dura, dura* de la canción me dio fuerza para levantarme temprano y escabullirme de la casa antes de que Moncho se saliera del cuarto de mi Tadeíto, que era a donde había ido a depositar su enojo. De todos modos, yo sabía que él no se iba a despertar temprano después de irse al bar del amiguito. Todavía desea vivir la fantasía de que puede darse más de dos cervezas. Apuesto a que amaneció con migraña y estuvo de carreritas al baño todo el día.

Llegué antes de que abrieran las oficinas del Negociado porque el estacionamiento que tienen es solo para empleados y es difícil encontrar espacios disponibles en el área. No había mucha gente transitando por allí a esa hora. Solo reconocí un par de carros de otros familiares que estaban esperando en el auto igual que yo. Pasada una media hora abrí los ojos de mi duermevela y observé que había llegado un camión de un canal de televisión, de esos que tienen una antena gigante encasquetada en el techo. Mi primera reacción fue escurrirme en el asiento y tratar de esconderme. ¿Estarían buscando más familiares en crisis para acompañar de morbo la noticia? Antes de que pudiera decidir si quedarme o poner los pies en polvorosa, llegó otro camión de otro canal, y al ratito, otro más, todos con sus antenas en el cogote como cuernos de unicornio. Estaba segura de que algo iba a pasar. Me puse pintalabios y un poco de color en las mejillas para no lucir tan impresentable como hace dos días, aunque, como no quería que me reconocieran, también me puse una gorra y unas gafas oscuras. Me miré en el espejo y me dije: *Inma, cualquiera diría que eres una estrella de Hollywood escondiéndote de los paparazis.*

Me bajé cuando ya estaba un grupo de periodistas, camarógrafos y familiares congregados a la espera de que alguien saliera del edificio. Muchos de los familiares llevaban carteles con las fotografías de sus seres queridos y mensajes escritos, lo cual me estrujó el corazón porque yo no llevaba uno y mi Tadeo que era tan guapo se merecía salir en la tele. Salió una mujer del edificio rodeada de un séquito de hombres trajeados que se presentó como la comisionada interina del NCF. Yo nunca la había visto en las más de dos semanas que llevaba yendo a ese lugar, pero ella, sin duda, había venido preparada: el pelo rubio de botella peinado en el *beauty parlor*, las uñas pintadas por una manicurista, el maquillaje demasiado recargado para esa hora de la mañana, pero perfecto para las cámaras de televisión.

Comenzó muy alicaída su conferencia de prensa leyendo

del discurso que llevaba preparado en unos papeles, dando toda clase de disculpas y promesas de que estaban trabajando aligeradamente para poder dar el mejor servicio posible a los familiares que esperan de sus seres queridos. Era todo tan ficticio y ensayado que, por fin, una periodista con los ovarios bien puestos, la interrumpió y le preguntó que cuáles eran las medidas que estaban tomando para solucionar el problema. Yo tenía mis ojos puestos en sus labios pintados de fucsia y vi clarito como ella trincó los labios, acumuló la poca saliva que cargaba en su boca, tragó como si estuviera a punto de atragantarse y dijo: *Dentro de unas semanas tendremos a la disposición de los familiares a diez capellanes que ofrecerán servicios religiosos y de apoyo emocional a todo el que lo necesite. También en unos días instalaremos un 'call center' que permitirá a los parientes conseguir información sobre el estatus de la autopsia que se les realizará a sus seres queridos. Así suavizaremos la pena de las familias que esperan.*

Esto tiene que ser un programa de cámara escondida que después de hacerte sufrir te sorprenden diciéndote que todo era una broma, pensé. ¿Trayendo religiosos es que van a resolver el problema? ¿Haciéndonos llamar por teléfono a un "call center"? Yo que dejé de ir a misa los domingos desde el escándalo de los curas haciendo fresquerías con los monaguillos y las monjas. ¡Nosotros que nos hemos pasado llamando para que después nos cuelguen el teléfono! Sin poder aguantar la rabia, me les adelanté a los periodistas y le grité: *¿Cuándo exactamente nos van a entregar a nuestros familiares? Yo quiero que me devuelva a mi hijo ahora mismo.*

La interina, con una media sonrisa de resignación, comenzó a enumerar las mil y una excusas por la cual la oficina que casi dirige es una incompetente sin remedio: que no tienen los recursos ni personal y, sobre todo, no tienen dinero para resolver la situación, pero el Secretario y ella van a lloriquearle a la Junta para que les dé fondos, aunque todavía no han calculado cuánto necesitan, pero están haciendo los numeritos, y después, si tienen suerte, la Cámara y el Senado lo aprobarían, aunque antes, también tendrían que confirmarla primero a ella para que pueda disponer del dinero de la manera más pertinente posible...

Juro que lo dijo de corridito sin pausa ni respiro. No pude evitarlo, los gritos de protesta me salieron como si los hubiera planificado: NO QUEREMOS CAPELLANES; QUEREMOS A NUESTROS CADÁVERES / NO QUEREMOS LLAMAR MÁS; QUEREMOS A NUESTROS FAMILIARES. Todos los allí presentes me siguieron el coro, y la interina no tuvo más remedio que salir corriendo protegida por su séquito y meterse de nuevo al edificio. Nos compenetramos tanto que intercambiamos historias y números de teléfonos y decidimos llevar nuestra protesta hasta Fortaleza en unos días.

Antes de llegar a la casa, decidí pasar por el supermercado para comprar algunas cosas, así que ya eran más de las cinco cuando llegué. Nada más abrir la puerta y Moncho me empezó a gritar que si yo me creía que era Lolita Lebrón haciendo una revuelta en plena calle; que la humillación que sentía era tanta que pensaba irse con Yesenia a Florida porque no aguantaba más mi comportamiento. Mientras gritaba, señalaba el televisor y, cuando miré, de nuevo estaba yo en la pantalla en vivo y a todo color. Esta vez no tenía cara de trance de espiritista ni estaba tirada indefensa y vulnerable en el suelo, sino liderando un grupo de personas que estaba sufriendo, no tan solo la muerte de un ser querido, sino la inhabilidad de despedirse de ellos y seguir sus vidas sin ese duelo interminable. *Sabes algo, Moncho, yo también siento vergüenza de que el padre de mi hijo sea un cobarde. Me parece muy buena idea que te vayas, aquí no haces falta.* Dos días después se montó en un avión sin despedirse de nadie.

Los otros familiares y yo nos comunicamos por teléfono para organizar la protesta en Fortaleza. Queríamos planificar algo bien hecho, con pancartas y cánticos, informándole a la prensa para que viniera a cubrir la noticia. Una mañana que estaba desyerbando en el patio, mi vecina, doña Carmen, me llamó desde el suyo para darme el pésame y decirme que sentía mucho lo que estaba pasando. Cuando le comenté que al día siguiente íbamos a Fortaleza a ver si el gobernador daba la cara y se dignaba a ayudarnos, abrió los ojos como dos pelotas de ping pong y me dijo: *doña Inma, usted se tiene que arreglar si va a volver a salir en la televisión. Voy a llamar a mi hija Nélida, que fue a la escuela de belleza y es buenísima, para que la ayude.* La próxima vez que me vi en la televisión no había ni rastro de aquella mujer tirada en el suelo: las canas desaparecidas por un tinte color castaño claro, un corte de pelo moderno, el maquillaje tenue, pero realzando mis mejores rasgos. Me veía firme y decidida cuando el periodista me entrevistó, y me gustó mucho esa nueva versión de mí.

Tenía muchas esperanzas después de la protesta, pero pasaron los días y todo seguía igual. El "call center" era lo mismo que antes, solo que ahora no colgaban el teléfono, simplemente la persona que contestaba leía un mensaje de que estaban trabajando para aligerar las autopsias y que llamarían a los familiares tan pronto los cuerpos estuvieran listos para entregar. Los noticieros y periódicos ya no hacían mención del asunto; la tiradera entre un famoso cantante de reguetón y la nueva sensación de la música trap había acaparado los titulares. Habíamos pasado a ser noticia vieja, el **periódico de ayer** de Lavoe.

Cansada de esperar, decidí presentarme en persona a las oficinas del Negociado. Después de dar varias vueltas, me di cuenta que el estacionamiento para empleados estaba con la valla abierta y no había un guardia de seguridad en la caseta. Sin pensarlo mucho entré y me estacioné en la parte de atrás, mirando de frente en dirección a la puerta trasera del lugar. No pasó mucho tiempo cuando ya estaba llegando un camión forense a dejar un cadáver en el lugar. Al poco rato llegó otro y luego otro, en un ir y venir interminable.

Después del huracán, el gobierno le pagó a una universidad del extranjero para que investigara cuánta gente había muerto por la catástrofe. El estudio cerró la cifra en casi tres mil víctimas, pero pienso que todavía nos estamos muriendo. Si los enfermos se murieron por falta de recursos y medicinas, los vivos heredamos las dolencias de nuestros difuntos. Sobre todo, quedamos trastornados. Nadie sobrevive a tantos meses de carencias con la mente intacta. Los que antes sentían rabia, ahora son más violentos contra cualquiera que les incomode. Los que estaban tristes o agobiados, se hundieron en una nube de melancolía y desesperación. Por eso tantos se fueron de la Isla, para ver si en otro lado podían zapatearse esa carga entre las costillas. Y por eso otros hicieron lo que mi Tadeo, terminar con el dolor lo más rápido posible.

Me había quedado dormida en el carro mirando el vaivén de gente que iba y salía del forense, cuando unos nudillos tocaron en el cristal y me devolvieron a la realidad. De primera intención, pensé que era el guardia de seguridad que venía a sacarme del estacionamiento, pero cuando me espabilé un poco me encontré con dos muchachos jóvenes que me preguntaban algo. Bajé el cristal de la ventana sin comprender bien lo que decían.

—¿Usted es la señora que salió en la televisión pidiendo que le devolvieran el cuerpo de su hijo? - me preguntó el que se veía mayor de los dos.

—Sí, creo que sí...soy yo - contesté sintiendo una mezcla de emoción y rareza de saberme reconocida por extraños en la calle.

Me invitaron a tomarme un café en una panadería cercana. De camino allá, los miraba asustada con el rabo del ojo. Ambos tenían tatuajes en los brazos, pero el más joven tenía un tatuaje horrendo en el cuello, creo que de un cocodrilo enseñando los colmillos. Llevaban la ropa demasiado holgada, como si fueran niños vestidos con la ropa de sus padres. Sin duda, copiaban la vestimenta de esos cantantes de rap que estaban de moda. Ya sentados con nuestros cafés servidos, comenzamos la charla:

—Señora... —me dijo el mayor de ambos, que parece llevaba las riendas del encuentro.

—Inmaculada o doña Inma, como me llama mucha gente.

—Doña Inma, ¿usted todavía quiere recobrar el cuerpo de su hijo?

—Bueno, pues claro, quiero que me lo entreguen para enterrarlo. Antes quería verlo, para despedirme de él, pero creo que ya han pasado muchos días y no será posible.

—Mire, señora, vamos a confiar en usted y esperamos que esta conversación se quede sin salir de aquí. Nosotros estamos dispuestos a ayudarla a conseguir lo que usted desea, a cambio de que usted nos ayude a hacer lo mismo.

—¿Ustedes también tienen un familiar en forense?

—Bueno...digamos que nos interesa recobrar el cuerpo de un...conocido...una amistad que llegó ayer a Puerto Rico de Santo Domingo y traía algo que nos pertenece.

—¿En la ropa?

—Mire, doñita, deje de hacer tantas preguntas. ¿Nos va a ayudar o no?

—Cálmate, Gator, la vas a asustar —le gritó el mayor al otro joven.

Y sí, estaba asustada. Puchi, como dijo el mayor que se llamaba, entonces me explicó qué era lo que querían. Mañana por la noche habían hecho arreglos para entrar al NCF y sacar el cadáver de su "amigo", pero necesitaban a alguien que entretuviera al guardia de la entrada porque cada cierto tiempo daba un recorrido por todo el recinto y ellos no sabían cuánto tiempo se iban a tardar en encontrar el cadáver. Si yo les ayudaba, ellos también buscaban a mi hijo y lo sacaban de allí. El plan era que ellos me iban a avisar por celular cuándo yo debía ir a la puerta de entrada para distraer al guardia. Sabían que el Negociado ya no tenía presupuesto para pagar una recepcionista nocturna ni un guardia de seguridad en el estacionamiento, así que ese era el mayor obstáculo que tenían. Que le hiciera un cuento largo hasta que ellos me llamaran de nuevo cuando salieran con lo que fueron a buscar.

—Bueno, el problema es que...

—¿Cuál es el pugilato, doña? ¿No que usted decía a gritos que quería a su hijo?

—Mira, ¿Guei...? - el más joven dio un respingo que casi tira la mesa con todo y tazas.

—Me dicen GUEIROR, es una palabra en inglés que significa caimán.

—¡Ah!, por eso el tatuaje. Bueno, *Gueirorrr*, el problema es que yo no tengo un teléfono celular.

—No se preocupe, doña Inma —contestó Puchi agarrando el teléfono de *Gueirorr* que estaba en la mesa—. Aquí tiene, y tú cálmate, *Gueirorr*, y cambia la cara, que es hasta que terminemos este trabajo.

Al otro día me desperté demasiado temprano. Tenía miedo de hacer lo que me habían pedido, pero también me angustiaba no hacerlo y que se molestaran conmigo a tiro limpio. Era una idea descabellada que podría llevarme a ¿la cárcel? ¿Podrían meterme presa por querer enterrar a mi propio hijo? Además, esos muchachos se traen algo entre manos. Era obvio que no le tenían mucho aprecio al difunto. Hasta me pareció que Puchi dijo que era un trabajo lo que iban a hacer. Y el otro, el tal *Gueirorr* pierde la tabla sin la menor provocación.

Con ese revoltillo de pensamientos estaba cuando sonó el timbre del teléfono celular. Di un brinco de gata asustada y, después de bregar un rato con el aparato para poder contestarlo, escuché la voz de Puchi preguntándome si todo estaba bien. No me atreví a decirle nada más que sí. *No se preocupe, doña Inma, tenemos ya todo arreglado y todo va a salir bien. Oiga, ¿y ya decidió qué va a hacer con su hijo? Tiene que pensar en eso, porque nosotros se lo llevamos y lo cargamos, pero usted se tiene que encargar de los otros detalles.* Y no, no había pensado en nada de eso. Salí al patio a considerar la idea de enterarlo allí pero, ¿tenía yo la fuerza para cavar un agujero de ese tamaño sin que los vecinos se dieran cuenta? Entré por la marquesina a la casa cuando vi la solución como mandada del cielo: ¡el freezer gigante que Moncho se había empecinado en comprar cuando se hizo socio de Costco! Después que discutimos tanto porque yo pensaba que no era necesario comprar tanta comida para tres bocas, Moncho, por fin, acertó en algo y me va a ayudar a recobrar a nuestro hijo.

Me pidieron que llegara como a las ocho de la noche y me estacionara en la calle. Llegué puntual y acomodé el carro en un lugar donde podía observar la entrada del edificio y, a la misma vez, podía ver el estacionamiento de empleados. Puchi ya me había dicho que primero me iba a llamar para asegurarse que había llegado, así que cuando sonó el teléfono estaba esperando la llamada. Me informó que ellos estaban en el estacionamiento esperando a su contacto, y que Gueirorr ya se había encargado de las cámaras. Antes de que pudiera responder algo, me dijo: *creo que ya llegaron, la llamo dentro de un rato.*

Temblaba, tenía náuseas y el corazón se me quería salir por la boca. La calle estaba oscura porque desde María la mayoría de los postes de luz no funcionaba. Miré al cielo y vi la luna menguante, como si una boca gigante le hubiera dado un mordizco. Su luz alumbraba tenuemente, pero pude ver cuando entró una camioneta al estacionamiento y dos hombres, que deduje eran Puchi y Gueirorr, se acercaron a ella. Hubo un intercambio de saludos, o de algo que no logré ver bien, entre Puchi y los que se bajaron de la camioneta. Todos se metieron dentro, y el teléfono volvió a sonar.

Cuando llegué a la puerta de entrada y toqué en el cristal, no sabía qué le iba a decir al guardia para mantenerlo ocupado. Al principio se resistió a abrirme haciéndome señas de que estaba cerrado. Cuando, por fin, abrió por mi insistencia, no me salían las palabras y mi cara de pánico era tal que el guardia creyó que realmente necesitaba ayuda. Me preguntó si me sentía bien, le dije que no y comencé a llorar. Me llevó hasta un banco cercano para que me sentara, le tomé la mano y lo empujé para que se sentara conmigo y le empecé a hablar de Tadeo y del vía crucis que estaba viviendo desde que lo encontraron muerto. Le hablé del dolor, de la culpa, de la impotencia y la falta de apoyo. Me desahogué todo lo que tenía guardado y le dije cosas que no me había atrevido admitirme ni a mí misma. Evaristo, que así se llamaba me empezó a consolar y a decirme las palabras más hermosas y certeras que nadie me había dicho jamás. Resulta que Evaristo era en realidad un consejero desplazado de San Juan a Ponce por el Departamento de Educación y, como había perdido su carro a consecuencia del huracán, había tenido que declinar la plaza e irse a trabajar allí. Cuando sonó el teléfono sentí una gran tristeza de despedirme de este ser que, estaba convencida, mi hijo me había puesto en el camino para que lo perdonara por lo que hizo y me salvara de vivir atormentada por lo que pasó.

Al día siguiente todo parecía un sueño. Salí a comprar bolsas de hielo porque a cada rato se va la luz y quería asegurarme que estuviera resguardado. Los muchachos me contaron que se tardaron mucho en encontrar lo que buscaban porque había cuerpos por todos lados.

Tuvieron que revisar una por una las neveras porque todas estaban llenas, y, en el piso, los cuerpos parecían bolsas de basura que nadie se dignaba a recoger. Me dijeron que tomaron fotos y que pensaban hacer algo con ellas. Yo estaba pendiente a las noticias por si reportaban el robo de cadáveres, pero lo que por fin salió, fue el escándalo de unas fotografías que habían mandado anónimamente a un periódico con los cuerpos tirados en el piso de una sala de patología forense.

Pasaron los días y no pasaba nada. Puchi me aconsejó que siguiera llamando y que fuera como había estado haciendo, que sería muy sospechoso si lo dejaba de hacer. Cuando iba siempre me encontraba con otros familiares y me daba mucha pena que siguieran a la espera de sus seres queridos. Entonces llamé a Puchi y le propuse que los ayudáramos. Así fue como recuperamos a Isaías que murió a los 21 años de un ataque al corazón; a Jonathan, de 25 años, que había sufrido un accidente automovilístico; a Tania, de 15 años, que murió de problemas respiratorios; y a don Quique, de 89 años, que todavía no tenía servicio eléctrico y, sin querer, tumbó un quinqué que explotó y quemó toda su casa.

Yo seguí insistiendo con el Negociado y, en vez de estar más tranquila, salía de allí molesta porque sabía que me estaban mintiendo y que eran el colmo de la incompetencia.

Un día que la recepcionista no me hacía caso, le di un golpe al mostrador y le exigí que llamara a su jefa. Formé tremendo berrinche y la amenacé con demandarlos. A las dos semanas recibí una carta pidiéndome disculpas y ofreciéndome todo tipo de excusas por la desaparición del cadáver. Añadían que, para compensarme por los inconvenientes que me habían causado, me querían ofrecer una indemnización de veinte mil dólares. Cuando le conté a doña Carmen lo del dinero, me dijo: *Si te ofrecen veinte es porque saben que te deben millones. Voy a llamar a mi sobrino que es abogado para que te oriente.*

En realidad, creía que nunca iba a pasar nada, la demanda era una manera de castigarlos por su ineptitud, pero a los meses, el mismo periodista que me sacó la foto tirada en el piso, me entrevistó a mí y a otros familiares y se formó tal escándalo cuando salió la noticia que no le quedó más remedio al gobierno que darnos una indemnización muy generosa. Para ser sincera, no siento ningún remordimiento. Todos decimos que mejor que nos den a nosotros ese dinero a que lo gasten en darse la buena vida los políticos. Bromeamos que es nuestro barril de tocino, y que hemos ayudado a más gente que todos en el Capitolio. Yo le mandé dinero a Moncho, que ya está rejuntado con una boricua en Florida, a Yesenia, le di a doña Carmen y a su hija para que abrieran un salón de belleza, a Evaristo para que se comprara un carro, a Puchi para que se comprara una casita por El Yunque, y a *Gueirorr* le di dinero para que se fuera de Puerto Rico y empezara otra vida con su novia embarazada. Y yo, aunque todavía tengo la casa en que mi hijo ahora está enterrado en el patio, me regalé este apartamento frente al mar para cuando venga otra tormenta mirarla de frente, segura de que no me va a tumbar.

Elvira

Cristina Zabalaga

Entro sin tocar la puerta. La dejó abierta para mí. Entro sin decir nada, como si fuese mi casa, como si llegara temprano y no esperara encontrarme con nadie. Al final no somos totalmente desconocidos. De cierta manera nos conocemos de cruzarnos por las escaleras, él en el quinto, y yo en el segundo piso. O encontrarnos en el Trader Joe's de Adams Morgan. Yo con mi carrito de supermercado desordenado y rebalsando. Él con su cesto ordenadísimo, con los productos organizados por tamaño y peso. Si no vuelvo con un yogur o un par de huevos aplastados es raro, sobre todo si voy con Huguito, que le encanta ir porque le regalan stickers y cuando se porta bien un lollipop.

Tras llegar, me tomó un tiempo darme cuenta de que cuando te habla un desconocido y te pregunta cómo te va, no va en serio, es una cortesía, una manera de saludar, de reconocer la presencia del otro. Las charlas del ascensor, taxi, peluquería o del súper siempre empiezan (How are you doing?) y terminan de la misma manera (Have a good one!). Lo que se dice no importa, es sólo una manera de pasar el tiempo mientras el ascensor se desplaza; o el cajero acomoda mis compras en las bolsas de papel del Trader (que se rompen casi siempre); o la peluquera me lava el cabello (con agua demasiado caliente). En el fondo, a nadie le importa si soy de Perú, Costa Rica o Paraguay, todo lo que está por debajo de México es territorio desconocido. Como las piezas de un gran rompecabezas desarmado. Un gran rompecabezas en español. Incomprensible.

Tengo tiempo para verlo todo. Como si jugáramos a las escondidas. Empiezo por la cocina. Es pequeña y con azulejos blancos, sin platos o vasos sucios o restos de comida. Minimalista. Sobre el mesón tiene tulipanes amarillos con las hojas muy abiertas, a punto de comenzar a caer. Las luces están prendidas. La sala da hacia al jardín, y no a la calle como la nuestra. Tiene una orquídea junto a cada ventana y persianas japonesas suspendidas por encima. Minimalista asiático. El suelo está cubierto con una sábana vieja. Frente a un sofá está un gran trípode de madera con un lienzo en blanco, junto al trípode una mesa auxiliar con óleos y pinceles. Además del sofá no hay ningún asiento. Me llama la atención que pinte de pie. Después entiendo porqué no necesita sentarse.

Junta las manos y se inclina en una venia. Ceremonioso. Creció aquí pero su español es impecable. No tiene acento de ninguna parte. No como yo, que lo contamino todo con mi acento de Lagunitas.

—Gracias por venir.

—Ajá.

—Puedes sentarte en el sofá, como te sientas más cómoda. Antes quiero mostrarte el baño. Suelo hacer pausas cada hora, pero si necesitas que pare antes no hay ningún problema, en tu estado puede que necesites ir al baño con frecuencia.

—Gracias —respondo aliviada. Quizás no soy la primera mujer embarazada que pinta.

—¿Quieres un té?

—Verde por favor o de jengibre, con un poco de miel si tienes.

—Puedes dejar el celular aquí, por si suena.

—Es solo en caso de emergencia, por si me llaman del daycare de Huguito. (Si se siente mal, se cayó, empieza a llorar, luego tose y quizás vomita).

—Entiendo, no te preocupes.

—Lo dejo en silencio.

—Tranquila.

Voy al baño antes de comenzar. De camino alcanzo a ver su cuarto. Un futón pequeño con un edredón doblado en dos con pájaros (¿palomas? ¿cuervos?) parados sobre un cable mirando hacia la ventana.

Vivimos en un barrio tranquilo, a pesar de dar a la calle no creo que el ruido lo despierte, como a nosotros, antes de trasladarnos a Adams Morgan, cuando vivíamos en un cruce transitado por patrulleros, camiones de bomberos y ambulancias junto al hospital de Howard University. Huguito se despertaba en medio de la noche, chillando. Llegué a ponerle esos tapones en las orejas, como a los pilotos. A veces funcionaba y dormíamos mejor. Otras veces se le caían y terminaba durmiendo con él. Los dos abrazados.

El baño está dividido en dos, el inodoro y un lavamanos diminuto, por un lado, y el segundo lado con la tina. Me arreglo un poco el pelo mirando los espejos cuadrados colgados frente a mí que me cortan en cuatro. Me doy cuenta de que no me he lavado los dientes después de desayunar. Me enjuago la boca.

La toalla huele a recién lavada. Junto al sofá está el té de jengibre con unas hojas de menta flotando por encima. Definitivamente a su departamento le llega más luz que al nuestro, quizás es porque su piso está más alto que el nuestro. La sala resplandece. Incluso él. Se ve más joven, o quizás son los jeans y la camisa a cuadros con las mangas dobladas que le quitan todos los años que el traje y la corbata le aumentan cuando me lo cruzo por las escaleras.

—Puedes sentarte como te sientas más cómoda. Cuando encuentres una buena posición, me dices y yo acerco la lámpara para verte mejor.

—¿Así? ¿Está bien así, Gastón? - pregunto como una niña pequeña, nerviosa, ansiosa de no hacerlo bien.

—Reclina la espalda, estarás más cómoda. Gira la cabeza hacia la ventana.

Se le da bien dar órdenes. Al principio me da seguridad, sólo tengo que hacer exactamente lo que me dice y todo irá bien. Luego sus órdenes me incomodan.

—¿Así?

—Un poco menos, no tanto, baja el mentón. ¡Así! ¡Perfecto! ¡Eso es! ¿Crees que puedes quedarte así sin moverte?

—Ajá.

—Puedes cerrar los ojos, si quieres.

—Ajá. (Los dejo abiertos).

Me relaja mirar por la ventana. Desde aquí también

puedo ver el patio de la casa del gato blanco que se pasea por el barrio, a veces llega hasta la sinagoga. Lo he visto tomando el agua de los perros que dejan junto al café Tryst.

—Levanta un poco más el mentón - suena amable, pero irritado y eso me da pena. No entiendo en qué momento me moví, quizás al estirar el cuello para tratar de ver gato.

—¿Así?

—No, así, gira un poco más la cabeza hacia un lado. Toma— dice impaciente y me alcanza un papel mojado, y yo caigo en cuenta de que tengo una mancha de leche sobre mi manga izquierda.

Me avergüenza vivir con la ropa manchada. No puedo evitarlo. Comida, queso, mocos, tierra. Todo lo que las manos, la nariz y la boca de mi hijo tocan. Antes de recomenzar se aleja del lienzo y me mira. Como si quisiera penetrarme, colarse por los poros de mi cara, mi cuello, mis brazos. Se me ponen los pelos de punta y siento escalofríos. Hago un esfuerzo por mantener la mirada. Se aleja, luego se acerca al lienzo y levanta el pincel.

El jardín se ve grande desde aquí arriba. Si nos trasladamos a la planta baja podemos ampliar la sala hacia el jardín y quizás hasta nos alcanza para un cuarto extra. Un cuarto de juegos para los niños. Con más espacio para todos los juguetes, ropa y libros de Huguito que ahora están por todas partes. Preguntar si el landlord piensa alquilar la planta baja, tomo nota para ponérselo en un WhatsApp a mi marido.

Empezamos a mandarnos mensajes cuando Huguito comenzó a hablar y yo volví a quedarme embarazada. Los desayunos y las cenas son protagonizados por Huguito. No nos da tiempo para charlar, como antes, y cuando al fin se queda dormido estamos agotados y solemos quedarnos dormidos frente a la tele.

Voy dejándole mensajes que él va contestando.

> *Me voy donde el vecino*
> *No es una buena idea* 💻☎
> *Ya lo hablamos, no estoy cansada*
> *¿Y si a Huguito le pasa algo?*
> *Me llevo el celular*
> OK

Con Huguito en el daycare por las mañanas, me aburro mucho. Las primeras semanas se enfermaba y nos quedábamos en casa leyendo, o íbamos al playground a jugar. A los tres meses, dejó de enfermarse. Se volvió inmune a los víruses, ahora es raro que se quede en casa. Al principio lloraba cuando lo dejaba y lo recogía. Salía con el corazón encogido. Culpable. Pasaba el día imaginando a Huguito llorando, tirado en el suelo. Para tranquilizarme, mi marido decidió empezar a llevar a Huguito al daycare. Hay embarazadas más sensibles que otras, le explicó la directora a mi marido, su mujer es muy sensible, por eso imagina cosas. Se le pasará.

> *¿Se quedó bien?*
> *Sí, bien*
> *¿Lloró?*
> No
> *¿Nada de ná?*
> No

Raro

   Está acostumbrado

Mmm

   ¿Qué vas a comer hoy?

No sé, ¿y tú?

   Tampoco

Antes almorzábamos juntos cuatro, hasta cinco veces por semana, ahora menos. Desde que comenzó el verano tengo pocas ganas de caminar hasta su oficina. Y él prefiere comer algo rápido delante de su computadora. Ambos preferimos quedarnos adentro, cobijados por el aire acondicionado, que exponernos a la humedad pegajosa. Quizás me estoy volviendo una señora comodona, una gringa comodona. Cuando hacía calor en Lagunitas igual salía al mercado caminando. Daba igual quedarme afuera que adentro, no teníamos aire acondicionado, ni pensábamos en tener uno.

Sigo sus movimientos de reojo. Él se aleja del lienzo, me mira, se acerca, duda, se aleja, me vuelve a mirar. Con una mano pinta y con la otra sujeta el lienzo. Hago un esfuerzo por mantener la mirada desde donde estoy, sin moverme. Cierro los ojos. Me concentro en mantener esta posición. Él no me mira a los ojos, mira a través de mí. El corazón me late más rápido. Me achico. Quiero hacer todo lo que no puedo. Pararme y caminar. Me muero por preguntarle porqué yo, porqué me eligió a mí. Podría haber elegido a la vecina del tercero, a ella siempre se la ve radiante, el maquillaje en su lugar, aunque haga mucho calor. Los labios rojos, las cejas bien peinadas. Perfumada. Impecable.

—En cinco minutos hacemos una pausa —dice fastidiado de tener que parar. A pesar de sus modales correctísimos, no puede ocultar su irritación. Y se irrita con frecuencia. Sobre todo cuando se siente contrariado y no puede hacer lo que le viene en gana.

Se aleja del lienzo y asiente satisfecho, deja los pinceles. Apaga la luz.

Cierro los ojos, me arden, froto las manos y las coloco sobre mis ojos, me quedo así un rato. Luego me paro y dejo caer la cabeza, quiero estar así, boca abajo. Me agacho hacia adelante. Me quedo así un rato, con la mitad del cuerpo colgando.

Voy al baño sin pedir permiso. Estoy muy cansada, no sé si puedo volver a encontrar la misma posición y quedarme inmóvil otra hora. Quiero irme a casa, salir sin decir nada. No se me ocurre ninguna excusa convincente.

—¿Quieres otro té?

—No, gracias.

—Si estás cansada puedes volver otro día - me dice, aunque en el fondo quiere que me quede otra hora más.

—Gastón, mejor lo dejamos para otro día - respondo apenada.

—¿Puedes mañana? - pregunta hastiado. Decepcionado de mí.

—¿Pasado mañana?

—Te confirmo más tarde.

—Ok.

—¿Elvira?

—¿Sí?

—Muchas gracias, eres la mejor modelo que he tenido hasta ahora.

—¿Y has tenido muchas?

—Ajá.

(¿Sólo pintas a mujeres embarazadas? ¿Por qué yo? Tantas preguntas que quiero hacerle.)

Estoy más cansada que hambrienta. Me tiro sobre la cama. Agotada. No sé si es una buena idea haberme ofrecido para ser la modelo de mi vecino. Quiero descansar antes de ir a recoger a Huguito. Esta semana tengo me siento muy cansada. No estoy durmiendo bien porque Huguito tiene pesadillas, y si no me echo a su lado no se vuelve a dormir. Le canto hasta que se vuelve a quedar dormido. Incluso de dormido, Huguito estira los brazos y los pies para sentirme, para asegurarse de que está protegido, que tiene los bordes cubiertos. Antes de dormirse se le ocurren preguntas más raras. ¿Mamá, tú eres un monstruo? No, qué dices. ¿Papá es un monstruo? Tampoco. ¿El vecino es un monstruo? No, respondo nerviosa. ¡El monstruo es Huguito! Y le hago cosquillas. Él se ríe. Ahora a dormir, así, quieto y con los ojos cerrados. Cierro los ojos y me quedo quieta para dar el ejemplo. ¿Mamá? Shh. ¿Mamá? Shuuu. Mamá, ¿estás muerta? A veces pienso que como Huguito comía todo lo que yo comía, también se le colaron sin querer las ideas que tenía cuando estaba embarazada de él. Que iba a morir, que Huguito iba a morirse. Ay mami, deje de pensar así, que aquí nadie muere pariendo, me dijo la partera cuando me ingresaron al hospital.

> *¿Todo bien?*

> > *Sí, me voy a recoger a Huguito, antes paso por los bagels*

> *¿Y el pintor?* 💻 🌙

> > *Bien. ¿Cuántos bagels?*

> *Dos. Uno con canela sin azúcar y otro con sésamo y sin queso*

> > *Esos son los que se acaban más rápido*

> *Entonces dos con canela*

> > *Bueno, ¿y si también acaban?*

> 💻 🌙

Caminar me hace bien, me despeja la cabeza. Me preocupa que Huguito se agringue demasiado, que comience a complicar las cosas, como mi marido. Con canela, pero sin azúcar, con sésamo, pero sin queso. Dulce, pero sin azúcar. Con harina, pero sin glúten. Con leche, pero sin lactosa.

A la vuelta del súper me cruzo con la vecina del perrito. Me mira y sonríe con esos dientes blanquísimos. Ella y el perrito se desplazan sin esfuerzo, como si los dos caminaran sobre las nubes. No como yo que desde hace tiempo camino a duras penas. Me arrastro y arrastro todo lo que está a cargo de mí. Mi panza, a Huguito, las bolsas del súper.

> *Parece que el pintor tiene una nueva novia*

> *Mmm*

> *La del perro*

> > *¿La del dóberman enano?*

No, la del perrito blanco que tiene mucho pelo y las orejas
puntiagudas

!!!

Los vi hoy caminando de la mano. Te dejo me voy a una
reunión. Beso

Otro beso

—¿Comenzamos?

—Voy un momento al baño.

—Tranquila —dice contrariado de tener que esperar hasta
que vuelva del baño.

El edredón esá doblado sobre el futón igual que la primera
vez, como si lo doblara exactamente de la misma manera cada
mañana, o no hubiese dormido dos noches seguidas en su
casa. Todo lo que hace mi vecino es un misterio. Ni siquiera
me pregunta cómo me va, y tampoco me desea que tenga un
buen día al despedirse. A veces pienso que los modales los
tiene más por costumbre que por convicción. Se lo ve irritado
y contrariado a menudo.

—Así, gira un poco la cabeza. La próxima vez, ¿puedes traer
la misma camisa del primer día? —pregunta ansioso y enojado,
como si tuviese que vestirme con la misma ropa todos los días.

—Está sucia.

—No importa, es que la luz en tu rostro se ve diferente
cuando te vistes de blanco. ¿La puedes ir a buscar?

—¿Ahora?

—Ajá —y me mira sorprendido, como si fuese la pregunta
más obvia del mundo.

Lo maldigo mientras bajo por las escaleras, y busco la camisa en el cesto de la ropa sucia y me la pongo sobre un sostén negro, el blanco está para lavar y no pienso ponérmelo sucio. Me irrita lo quisquilloso que es. No tengo ganas de volver. A duras penas vuelvo a subir las escaleras. Llego agitada.

—¿Ahora?

—Así estás perfecta Elvira. Gracias.

Como se ha salido con la suya está feliz. Tranquilo.

Estoy demasiado molesta para ver por la ventana. Cierro los ojos. Los abro. Tengo ganas de ir al baño. Cuando estaba esperando a Huguito no iba tanto al baño. Ahora voy hasta veinte veces seguidas antes de dormir. Mi marido se tranquilizó cuando la doctora le dijo que es normal. Para no preocuparlo, no le digo que me aterra romper aguas antes de tiempo, como con Huguito, que se me adelantó. Respiro profundamente y cuento hasta diez para calmarme, funciona con Huguito, cuando se pone nervioso y llora, lo calma que cuente.

Uno, dos, tres, cuatro, cinco, seis.

Caigo en cuenta que cuando pienso me hago grande, demasiado grande para mi vecino. Hacemos más pausas. Se acerca y vuelve a pedirme que gire la cabeza, que levante el mentón. Se pone nervioso. Apaga y prende la lámpara que está junto a mí. Como si los acontecimientos desobedecieran un plan, su plan, y tuviera que lidiar con ellos así, desordenados y enredados. Y se siente confundido, desorientado. No tiene idea de cómo seguir. Siete, ocho, nueve, diez. Como yo todos los días. Hace tiempo que entendí que con Huguito de nada vale planificar mis días. Desde que mi hijo nació, mi vida es impredecible, el ritmo de Huguito es caótico, y no ser capaz de darse cuenta de eso es el camino seguro hacia la frustración. O la depresión. Como mi vecino ahora, no entiende porqué no puede avanzar en el lienzo como tenía pensado. Un día para el perfil, otro para los detalles, y para el final dejamos los retoques. Por el contrario, si dejo mi cabeza en blanco me achico. Mis piernas, mis brazos, hasta mis ojos se encojen. Cuando me agrando, el pintor se equivoca, tose para disimular su frustración. Como si dificultara su tarea a propósito.

—¿Te sientes bien? —pregunta desesperado.

—Fenomenal, ¿y tú?

—Mmmm.

Se aleja, se vuelve a acercar, mezcla las pinturas. Cierra un ojo, cierra el otro ojo, abre los dos ojos, apunta el pincel hacia mí con violencia, como si quisiera cubrirme, hacerme desaparecer debajo de su dedo gordo. Me divierto. Así puedo mantener esta posición todo el tiempo que haga falta. Pienso en el borde del lienzo, cómo se verá la pintura una vez acabada y con marco, con las esquinas cubiertas.

Hacemos una pausa, dos, tres. Voy al baño.

—Si quieres lo dejamos para otro día.

—¿Mañana?

—Sí.

Me voy a lo del pintor
   Mejor si no vas y descansas
Tranquilo, sólo me voy a quedar un rato

La doctora dijo que mejor descanses esta semana
Estoy cansada de estar echada
    Hazme caso, por tí, por el bebé: ☎
Voy y vuelvo 💻 ☾
    Hoy recojo a Huguito, mejor si no caminas
Bueno, gracias

Llego temprano. La puerta está cerrada. Risas. No está solo. Estoy segura de que la vecina del perrito está con él. Me quedo así un rato, pegada junto a la puerta. Escuchando. Algo se quiebra. Alguien grita. Me da un retortijón que me dobla en dos de dolor, todavía estoy a tiempo de irme. Algo muy pesado cae al suelo. Toco el timbre. Silencio.

—¿Sí? –responde el pintor sin abrir la puerta.

—Soy yo, Elvira.

—Ahora abro.

—Vuelvo otro día - mejor vuelvo a casa, todavía estoy a tiempo.

—No, espera, te abro.

—No me importa volver otro día.

—Está bien, pasa - dice exasperado, impaciente.

Podría haber no tocado el timbre, podría haber vuelto a mi departamento sin decir nada, pero no, estoy aquí, avergonzada porque sé que la vecina está en su cuarto, o en el baño. Y yo estoy aquí porque no tengo planes, ni amigas.

—¿Sí? –responde el pintor sin abrir la puerta.

—Soy yo, Elvira.

—Ahora abro.

—Vuelvo otro día - mejor vuelvo a casa, todavía estoy a tiempo.

—No, espera, te abro.

—No me importa volver otro día.

—Está bien, pasa - dice exasperado, impaciente.

Podría haber no tocado el timbre, podría haber vuelto a mi departamento sin decir nada, pero no, estoy aquí, avergonzada porque sé que la vecina está en su cuarto, o en el baño. Y yo estoy aquí porque no tengo planes, ni amigas.

Paso directamente a la sala, atenta a que la vecina se revele en algún momento. La cocina tiene platos sucios y unos cartones de pizza, junto a un ramo de flores envuelto en un papel celofán sin abrir. Me siento en el sofá, aunque me muero de ganas de ir al baño. Con los nervios me cuesta más aguantarme.

—¿Tienes invitados?

—No - me mira sorprendido, fastidiado por la pregunta.

—Me parece haber escuchado risas.

—Tenía la radio prendida. Debe ser eso.

—Ajá.

Pienso en la vecina. Está viendo su teléfono. Trata de dormir. Se aburre. Pobrecita. Quiere ir al baño. Eso es, cuando quiera ir al baño seguro que sale me saluda y acabamos con esta situación incómoda y absurda.

Se acerca y me da instrucciones, más bien órdenes. Hoy está nervioso, suda mucho, como si hubiese hecho mucho esfuerzo y le costara trabajo disimular, y cumplir con sus modales. Me cuesta más retomar la posición de las veces anteriores. No me concentro. Cuando al fin lo logramos, prende la luz y se acerca al lienzo, se lo ve fastidiado conmigo, como si fuese una inútil por no estarme quieta, como una estatua.

Puedo salir corriendo, antes o después de abrir la puerta del baño donde estoy segura que encontraré a mi vecina. Podría llamar a mi marido si no hubiese dejado el celular en el mesón del comedor. Puedo salir al balcón del cuarto a gritar por ayuda. Siento mi cabeza a punto de reventar.

—Voy al baño.

—Ok.

La puerta del cuarto está entreabierta y el edredón en el suelo. No alcanzo a ver a nadie. Cierro la puerta del baño y mi mano la siento pegajosa. Prendo la luz y miro mi mano de nuevo. Es sangre, estoy segura. Me lavo las manos frente a los espejos que me parten en cuatro. Otro retortijón, esta vez mucho más fuerte que el anterior, casi grito. Salgo del baño.

Necesito tiempo para pensar. Me acomoda. Me dejo hacer. Él levanta el pincel y me arrepiento de no haber salido corriendo. Me cuesta más que nunca estarme quieta. De reojo busco mi celular. Está sobre el mesón. Cuento los pasos que necesito para llegar hasta la puerta. Diez o doce. Una vez fuera de su departamento, ¿me meto en el mío? ¿o salgo corriendo escaleras abajo hacia la calle para pedir ayuda? Me voy encogiendo, no soy capaz de pensar en nada para distraerlo. Suena su teléfono. Él lo deja tocar, fastidiado. Vuelve a sonar una y otra vez. El pintor suda. Para, levanta el dedo índice sin decir nada, como indicándome que sólo tardará un minuto y que no me mueva. Dudo tener la fuerza suficiente para escapar. Me levanto, y en vez de salir corriendo me asomo al segundo baño. Estoy segura de que la chica tiene que estar ahí, si no ¿dónde? El pomo de la puerta también está pegajoso.

—Elvira, ¿qué haces aquí? ¿Por qué te moviste? —pregunta el pintor detrás de mí, irritado, está tan cerca de mí que puedo sentir su respiración sobre mi cuello.

Grito y salgo corriendo hacia el balcón.

Él me mira sorprendido. Se siente expuesto. Mi reacción no encaja con sus planes, y eso lo desorienta. Trata de acercase, intenta sujetarme. Lo esquivo.

—Elvira, ¡tranquilízate! ¿qué pasa?

—¿Qué te pasa a ti? Y la vecina, ¿dónde está?

—¿Quién?

—La del perrito.

Me mira enojado, luego sorprendido y sonríe, seguro de que tiene las de ganar.

Grito lo más fuerte que puedo.

—¡Ya basta! - vuelve a intentar acercarse.

—No, ¡tú basta! Ni se te ocurra tocarme, que no sabes de lo que soy capaz.

Ya no sonríe, está pálido y no sabe qué hacer. Suda mucho. Me mira horrorizado. Vuelve a intentar sujetarme. Lo empujo con todas mis fuerzas. No alcanza a agarrarse. Cae. Me asomo por el balcón y veo a la vecina corriendo hacia él, con el perrito blanco que la sigue por detrás. ¿Cómo puede estar en dos lugares a la vez? No tiene mala pinta, se la ve bien, como siempre. Ella, agachada junto a él, me mira con los ojos muy abiertos. Así ya no se la ve radiante.

Algo no está bien, si no es de ella, ¿de quién es la sangre?

Cierro los ojos. Quiero gritar, pedir ayuda y no tengo fuerzas. Hago un último esfuerzo para incorporarme y verlo. Si no fuese por la cara horrorizada de la vecina que levanta al perrito para que no meta las patas en el charco de sangre, pensaría que está todo bien. Todo normal.

La vecina se aparta del pintor, solo entonces puedo verlo.

Está echado, de espaldas. Parece que duerme, o medita con los ojos cerrados, como yo cuando me hago a la dormida para que Huguito se duerma.

Así está perfecto, no necesito decirle que levante el mentón o gire la cabeza.

Lástima no tener una lámpara a mano para verlo mejor.

¿Gastón, crees poder mantener esta posición sin moverte?

Larvas

Jennifer Thorndike

Tengo los dedos adormecidos. Intento moverlos para que la sangre circule. Casi no siento mis manos, inmovilizadas tras mi espalda. Las sacudo otra vez, pero el metal que rodea mis muñecas frena sus movimientos. Desespero. Me incomoda la silla de madera en la que me encuentro, el respaldar rígido que me causa un dolor intenso desde la parte baja de la espalda hasta los hombros. Ya me he acostumbrado al olor aséptico de la morgue, pero no a la inmovilidad de mis manos. Me sacudo, las muevo otra vez. ¿Cuándo me van a sacar las esposas? El ardor de la herida confirma que mis manos adormecidas todavía no se han convertido en carne podrida. le pregunto al oficial que me acompaña. No responde. Le han dicho que no me hable, que solo me dé con la porra cada vez que me ponga violenta. Que soy muy agresiva, que no me quite las esposas.

Entonces me sacudo, golpeo el respaldar de la silla. El oficial saca la porra y me da un golpe seco en la pantorrilla. Tranquila, me dice. La sangre se acumula y forma una contusión que se suma a las de antes. Llevo horas en el vestíbulo de la Sala de Reconocimiento. No tengo nada que reconocer. Conozco cada ángulo del cuerpo del cadáver, cada centímetro de su belleza, cada facción que despertaba mi envidia. También conozco sus debilidades. Me han traído aquí para que sea consciente de lo que he hecho. Confiesa, me dijeron antes de venir. La odias, le tienes rencor, le tienes envidia. Sí, sí, sí. Sí, repitió el abogado, pero todo tiene una explicación. Quizá no estás bien, quizá lo hiciste sin pensar, continuó.

Nunca he estado bien, señor, pero pienso todo el tiempo, pienso en ella todo el tiempo. Es lo único que sé hacer. Mis dedos despiertan un poco y se mueven ligeramente. Las personas que me acusan quieren que te vea para que confiese y puedan exigir que se endurezca la sentencia. Quieren que mis manos se pudran como se pudrirán las tuyas.

Le hacen una seña al oficial de la porra. Se acerca, me levanta de la silla. Sacudo mis manos y la sangre circula, mis manos inquietas buscan liberarse otra vez. El oficial usa la porra, la encaja en la parte baja de mis costillas. Me conduce hacia una puerta que prohíbe el paso, pero que él abre sin problemas porque estamos autorizados. Veo una cama metálica, mangueras por las que todavía gotea un líquido rojo y espeso que te ha pertenecido. Y un pie pequeño, azul, con las uñas moradas. Tu pie que siempre me ha hecho sombra, tu pie que calcé mil veces, sobresale por debajo de una sábana con una etiqueta que lleva escrito tu nombre: Lucía. Tu pie que quiero tocar. Otra vez intento liberarme de las esposas, pero las heridas en mis muñecas se abren un poco más. Nuevamente siento la porra golpeándome sin compasión.

Entran varios oficiales más y también el abogado. Luego el médico que se ha encargado de tu cuerpo. Así lo llaman «el que se ha encargado del cuerpo», el que te ha clasificado, trozado la piel, abierto heridas, removido tus órganos, escudriñado tus vísceras. Él ha escrito tu nombre en esa tarjeta y la ha colgado de tu pie. Levanta la sábana con esas manos manchadas de sangre como las mías y veo el surco que ha cercenado tu cuerpo de arriba abajo. Te ha reconstruido sin cuidado, ha dejado visibles las costuras en tu piel azulada. Le grito. Yo nunca te hubiera dejado así, tantos años dedicándome a convertirte en tu mejor versión para que en el momento de tu muerte termines inflamada y monstruosa. Deformada. Me agito, quiero tocarte, consolarte.

Entonces siento la porra otra vez reclamando que me calle. Así no van a soltarte, me dice el oficial. El médico lee un documento del cual solo reconozco palabras sueltas: estrangulamiento, asesinato, acusada, demencia, confesión. El médico es resguardado por unos policías mientras el oficial de la porra suelta mis manos, que no solo están manchadas de sangre, sino también de la tinta con la que a mí también me han clasificado a través de mis huellas digitales. Ambas identificadas, hermana, reconocidas, registradas.

Me acerco poco a poco a ti. Escucho tu voz, reconozco tu olor, que se sobrepone al de la putrefacción. Me acerco a tu cara, que han amarrado con una cinta para que no se descuelgue tu mandíbula. Tus ojos están cerrados y vacíos. Tienen manchas oscuras alrededor. Sangre acumulada y gritos. El aire cada vez más escaso, tu último suspiro y el último arañón que me diste para que te soltara, buscando también mi cuello para colgarte de él, para cortar mi aliento caliente soplando sobre tu rostro perfecto, para quebrarme el hueso de la garganta, tal como yo hice con el tuyo. La fractura se exhibe en una radiografía que el médico ha colgado para demostrar mi salvajismo. Pero ya no te quedaba más tiempo y yo sentía cómo tu cuello se hacía más estrecho. Mis manos te controlaban, las mismas manos que ahora encajan a la perfección en los moretones que han quedado alrededor de tu cuello. Entonces sonreí, como ahora. Entonces me reí a carcajadas y escuché la palabra demente otra vez. Y las esposas en mis muñecas. Y los oficiales moviéndose aceleradamente para sacarme de ese lugar. Miré al abogado. Déjenme arreglarla por última vez. Lo diré todo. Cuando aceptaron, vi que tú también sonreías.

Abro los ojos y tú estás enfrente. Alguien prende una grabadora, el hombre registra mi voz y saca un lapicero para tomar apuntes en una libreta. Creo que es el psiquiatra. Están el abogado, el detective de homicidios y dos policías con porras. Pero yo abro los ojos, hermana, y tú estás ahí, te haces notar. Entonces te miro y me siento empequeñecida. Tus pies diminutos y pesados me hacen sombra. Me vas a aplastar en cualquier momento. Soy una larva, me retuerzo de miedo. Te miro y mis ojos sienten una presión que viene de adentro y quiere hacerlos explotar en lágrimas y vaciar su contenido: venas, carne, líquido acuoso. Te miro, y me desprecio por lo que siento y por dejar que tu pie ahora me aplaste con fuerza, se ensañe, esparza mis restos dejando una mancha sanguinolenta y transparente. Entonces recuerdo. Somos pequeñas, estamos jugando. Las aspas del ventilador giran y tú metes en ellas una tiza. Sus partículas se esparcen por el aire y nos caen en la cara, nos ensucian. Sucia, tu perfección disminuye. La mía nunca ha existido.

Te miro y sonríes, recuerdo. Todos a tu alrededor ríen, murmuran tus virtudes. Estás sucia por el polvo de tiza, pero la audiencia queda encantada con tus ocurrencias: qué graciosa, qué alegre, qué traviesa, qué linda. De pronto sueltas una risita y dices algo que suena demasiado inteligente para tu edad. Todos aplauden, celebran esa perfección que es solo una cáscara que nuestro abuelo ha inventado y yo he mantenido. Quieren acercarse y limpiarte las mejillas solo para tocarte. El ventilador sigue dando vueltas y las manos de esas personas te pasan más tizas porque cuando una salta y te mancha la piel, ellos disfrutan, se enternecen, esperan con ansias una demostración de tu lucidez infantil. Y tu pie me pisa más. Ellos parecen también disfrutar de ese espectáculo, de tus piecitos aplastando larvas y tú llevando las manos a tu boca en un gesto de sorpresa, pidiendo perdón al insecto aplastado por haber sido tan descuidada. Actúas, lo tienes todo preparado. En eso nuestro abuelo tenía razón: poseías un talento natural para caer bien y que la gente te quisiera, aunque fingieras si era necesario. Yo te miro y te odio, pero más me odio a mí misma, porque a veces también me caes bien, porque deseo ser como tú para que nuestro abuelo me quiera, para que la gente me admire y no hable de mi fealdad y mi apatía. Los escucho, no pueden creer que seamos hermanas porque yo soy todo lo contrario a ti. Y lo saben, como lo sabía nuestro abuelo el día que nos recogió. Ese día nos bautizó a las dos: tú eras Lucía, su Lucía.

A mí me miró y me llamó Insecto, Parásito, Gusano, Larva. Larva, repitió, pareces una larva. Yo era un mal que tenía que cargar, pero que neutralizaría al dejarme sin nombre. Sofía era el nombre prohibido, Sofía me convertía en alguien y yo era un insecto, un parásito, un gusano, una larva. Nuestro abuelo me quitó el nombre para resumir mi existencia en todo lo que tú no eras: la inmundicia, lo despreciable, lo deforme que se arrastraba a tu lado.

Él te construyó. nuestro abuelo sacó sus garras y nos destrozó para escudriñar nuestro valor. Él juntó nuestros pedazos esparcidos a sus pies y nos capturó para explotarnos. A ti para que le sirvieras, a mí para servirte. Te puso precio y su cariño hacia ti se multiplicó mientras hacía las cuentas. Entonces me enseñó a cuidarte, a invertir tiempo en ti. Ella antes que tú, repetía. Tú no tienes nada que ofrecer, decía. Mírate y mírala, Larva. Escúchate, Larva, ni siquiera dices nada inteligente, no tienes ningún talento. Entonces me miraba al espejo y confirmaba el escaso valor de mi cuerpo, entonces trataba de imitarte, Lucía, pero nada de lo que tú hacías o decías se comparaba a mis desatinos. A ti había que entrenarte, yo solo podía mirar. Nuestro abuelo se encerraba contigo en una habitación acondicionada para tu adiestramiento, mientras yo me quedaba afuera con el ojo pegado a la cerradura de la puerta. Y te admiraba, te adoraba. Adoraba, esa es la palabra. Adoraba esas trenzas que yo te había hecho por la mañana y se batían en el aire, esas manos que había besado hasta el cansancio y sostenían tu falda, esas mejillas que se ponían rojas cada vez que él te alababa, esas lágrimas que simulabas cuando nuestro abuelo decía que te habías equivocado en algo. Mi Lucía, así no vas a ser la mejor, y tú estás destinada a ser la mejor, repetía. Estás destinada a ser una estrella. Y salía enfurecido, arrepentido por haberte hecho llorar.

Daba golpes en las paredes, te pedía perdón. Entonces notaba mi presencia, arrodillada frente a la cerradura, y yo quería empequeñecerme, volverme trasparente, desaparecer. Su mano, que sabía ignorarme y ubicarme con la misma facilidad, me agarraba por la muñeca mientras sus palabras me agujereaban los oídos. Seguro le has ajustado mucho los zapatos, seguro tiene una ampolla, seguro quieres malograrle los talones, el empeine, los dedos; qué mala eres, Larva, seguro quieres destruirla porque quieres que sea como tú. Entonces yo me arrodillaba ante ti, te descalzaba, te curaba y te besaba ese pie, ese talón, ese empine y esos dedos, uno por uno, que me hacían sombra. Y cuando nuestro abuelo notaba mi presencia, ese exceso en medio de tanta perfección, me sacaba a empujones sosteniéndome de esas manos encallecidas que pronto soltaba porque le daban asco.

Tenían razón. Lo confieso nuevamente, lo acepto. Tu grandeza me abruma, Lucía, se introduce en mi cuerpo y lo fragmenta para convertirlo en desechos. Lo regresa a la forma distorsionada de la que yo nunca pude escapar. Durante años soporté tu mirada burlona mientras me revolcaba en mi miseria. Tus ojos me miraban desde cada foto que nuestro abuelo había colocado para —avergonzado— embelesarse, extasiarse, poseerte. Ojos, bocas, caras, gestos. Lucía multiplicada y yo reflejada en cada imagen que se comparaba conmigo y me superaba. Había fracasado.

Fracasado, sí. Confieso, entonces, que fallé desde el día en que nuestro abuelo nos recogió y nos metió en la tina para sacarnos la suciedad y convertirnos en personas. Capas de mugre, costras endurecidas que flotaban en el agua, que intentaban adherirse de nuevo a nuestros cuerpos enflaquecidos. Eran parte de nosotras, se habían convertido en una piel repugnante. Y después de esa tortura, de las uñas de nuestro abuelo incrustándose en nuestras espaldas, de sus dedos enredándose en nuestro pelo enmarañado, la única que salió convertida en alguien fuiste tú, Lucía. Porque mientras nuestro abuelo refregaba mi piel hasta lastimarla, repetía que nuestra madre no debió meterse con esa escoria que había engendrado a otra escoria igual a él, a la que tendría que mirar por el resto de su vida. Entonces refregaba mi piel intentando quitarme la grasa, la tierra, la cara de mi padre que parecía burlarse de él a pesar de mis gestos de dolor. Refregaba quizá para salvarme o para salvarse a sí mismo, hasta que tiró el paño y hundió mi cabeza en la tina. Y tú, hermana, te reías mientras se me agotaba el aire. Aplaudías con tus pequeñas manos cuando nuestro abuelo comenzó a llamarme Larva, mientras yo luchaba contra la presión de su mano. Entonces abrí los ojos y lo miré. Nuestro abuelo se detuvo. Luego confiesa, o yo confieso por él, que supo que hacía algo incorrecto. Dejó de hundir mi cabeza y siguió refregando mi cuerpo con el paño mientras yo, llorosa por un momento, comenzaba a sonreír porque creía que todo había sido un juego.

Fracasé, entonces, porque lo único que quise durante esos años fue que los bigotes de nuestro abuelo que tanto me obsesionaban rozaran mis mejillas. O lamerlos para sentir que algo de él se quedaba conmigo. Entonces me acercaba con temor, lo observaba, lo admiraba.

Las manos sudorosas, el cuerpo vibrando, las piernas que caminaban por sí solas. Ir por detrás, sorprenderlo, acercar mi boca a sus bigotes, sacar la lengua, lamer. Hacerlo rápido, calculando el punto exacto del ataque, evitar el daño, la patada, el manotazo. Pero nuestro abuelo anticipaba mis pasos, veía mi sombra agitada, me agarraba del cuello y ajustaba sus dedos hasta dejarme sin aire. No te me acerques más, repetía. Debí ejercer más presión, debí esquivar esa mirada, debí dejarte morir en el agua, confesaba. Así no vería esa cara más, decía. ¿Qué cara? Abuelo, no te entiendo. No entiendo nada. De pronto entrabas tú a la habitación y decías que querías jugar conmigo. Estabas aburrida. Nuestro abuelo aflojaba la garra y me dejaba ir. Quizá te debo la vida, hermana, a pesar de que tus actos siempre fueron egoístas. No querías perder aquel exceso que hacía resaltar aun más tu grandeza. Necesitabas mis vanos esfuerzos por ser más inteligente que tú, las imperfecciones insalvables de mi cuerpo, mi absoluta falta de talento. No permitirías que me ahogara en la tina ni que me asfixiara bajo la presión de sus manos. Yo no podía morir mientras tú vivieras.

Nuestro abuelo también me necesitaba, porque cuando

escribía tus virtudes en las cartas que mandaba a todos los empresarios artísticos, me miraba de reojo para describirte con todo lo que no encontraba en mí. Tecleaba de noche, con las manos lastimadas por la fuerza que depositaba en cada palabra, mientras fumaba un cigarrillo tras otro. Una o dos cajetillas, veinte colillas acumuladas en un cenicero, manchadas de sangre, impregnadas de humo como el resto de la casa. Nunca fui nada para él, pero para ti sí, Lucía. Tú me tocabas un poco, me tocabas apenas, y me decías que me querías. Al principio extendías sus manitas desde la cuna para alcanzar mi pelo, luego pasabas tus dedos por los míos mientras te peinaba, y cuando te atrevías un poco más, te metías en mi cama para abrazarme por la cintura y besarme la espalda. Me querías, sí, me querías porque no podías tolerar perderme, porque me necesitabas más que cualquier cosa en la vida para que te hiciera contraste. Me querías tanto que tu amor laceraba mi piel, me partía en tantos pedazos que nunca fue posible reconstruirme. Me querías tanto que me quitaste todo rastro de identidad para que siempre fuera parte de ti. Siempre sometida, siempre minimizada.

Estoy montada sobre Lucía, mis manos alrededor de su cuello. Aprieto fuerte hasta que escucho que algo se rompe. Lucía no tiene la mirada de los muertos, solo ha dejado de pelear. Mis manos siguen alrededor de su cuello, aunque ya está muerta. Yo aprieto. Confieso que sigo apretando no por rabia, sino por dolor. Me ha destruido la vida, me ha dejado sin nada y ni siquiera está arrepentida. Se ríe a carcajadas, se agarra el vientre retorciéndose de placer.

Por eso seguí apretando su cuello, confieso, haciendo pedazos la tráquea. Apreté hasta que sus labios se pusieron azules, apreté escuchando cómo perdía el aire y viendo cómo intentaba succionar oxígeno para no asfixiarse. Y luego la ruptura de los huesos, el cuello incapaz de sujetar el peso del cráneo. La cabeza a un lado, las uñas oscuras y rotas, mis brazos llenos de arañazos. Y yo seguí apretando.

Dejó de moverse. Lucía, la llamé. ¡Lucía!, le grité. Lucía, ¿dónde está Ramírez con la plata? ¿Por qué nos ha hecho esto? Despierta, Lucía. Deja de jugar. Pero Lucía no despertaba, tenía alrededor del cuello manchas moradas que calzaban con mis dedos. Estaba con los párpados abiertos, las manos a los lados, las uñas oscuras. No despertaba, no respiraba, no quería hablarme. Me eché a su lado, la acaricié. Lucía, háblame. Cerré los ojos.

Lucía, levántate, vamos a comenzar de nuevo, hay que estar unidas. Así me quedé dormida, trepada sobre ella. Unas horas después, reparé en el cadáver. Lucía comenzaba a endurecerse. Tengo que bañarla, pensé, tengo que quitarle el olor a muerto. Pero no podía moverla, el peso de su cuerpo rígido superaba mis fuerzas. Le cerré los párpados con los dedos y me di cuenta de que nunca más volvería a abrirlos. Entonces la abracé y, llena de ira, le dije que ella se lo había buscado. Habían sido demasiados años soportando humillaciones, tenía que hacer algo. Ahora todo había terminado. No sabía qué hacer sin ella, quien había ocupado mi mente cada segundo de mi vida. Comencé a llorar, luego volví a abrazarla y le pedí perdón, le dije que era culpa de nuestro abuelo, que este era el final, su final y el mío.

Así nos encontraron. Mi hermana comenzaba a perder su hermoso cabello, mechón a mechón se quedaban enredados en mis manos. También se le cayó la mandíbula y quedó con la boca abierta. Supe que se descomponía y me aferré más a su cuerpo, ese cuerpo que yo había cuidado sin descanso y que no quería dejar ir. Así nos encontraron y yo confesé.

Yo la he matado, dije. Asesina, escuché por primera vez; Asesina, mientras me separaban de su cuerpo; Asesina, mientras me amarraban las manos y llamaban a la policía; Asesina, cuando cerraron la bolsa negra en la que se llevaron el cuerpo a la morgue. Asesina. Eso es lo que soy, confieso.

salió convertida en alguien fuiste tú, Lucía. Porque mientras nuestro abuelo refregaba mi piel hasta lastimarla, repetía que nuestra madre no debió meterse con esa escoria que había engendrado a otra escoria igual a él, a la que tendría que mirar por el resto de su vida. Entonces refregaba mi piel intentando quitarme la grasa, la tierra, la cara de mi padre que parecía burlarse de él a pesar de mis gestos de dolor. Refregaba quizá para salvarme o para salvarse a sí mismo, hasta que tiró el paño y hundió mi cabeza en la tina. Y tú, hermana, te reías mientras se me agotaba el aire. Aplaudías con tus pequeñas manos cuando nuestro abuelo comenzó a llamarme Larva, mientras yo luchaba contra la presión de su mano. Entonces abrí los ojos y lo miré. Nuestro abuelo se detuvo. Luego confiesa, o yo confieso por él, que supo que hacía algo incorrecto. Dejó de hundir mi cabeza y siguió refregando mi cuerpo con el paño mientras yo, llorosa por un momento, comenzaba a sonreír porque creía que todo había sido un juego.

Fracasé, entonces, porque lo único que quise durante esos años fue que los bigotes de nuestro abuelo que tanto me obsesionaban rozaran mis mejillas. O lamerlos para sentir que algo de él se quedaba conmigo. Entonces me acercaba con temor, lo observaba, lo admiraba.

Las manos sudorosas, el cuerpo vibrando, las piernas que caminaban por sí solas. Ir por detrás, sorprenderlo, acercar mi boca a sus bigotes, sacar la lengua, lamer. Hacerlo rápido, calculando el punto exacto del ataque, evitar el daño, la patada, el manotazo. Pero nuestro abuelo anticipaba mis pasos, veía mi sombra agitada, me agarraba del cuello y ajustaba sus dedos hasta dejarme sin aire. No te me acerques más, repetía. Debí ejercer más presión, debí esquivar esa mirada, debí dejarte morir en el agua, confesaba. Así no vería esa cara más, decía. ¿Qué cara? Abuelo, no te entiendo. No entiendo nada. De pronto entrabas tú a la habitación y decías que querías jugar conmigo. Estabas aburrida. Nuestro abuelo aflojaba la garra y me dejaba ir. Quizá te debo la vida, hermana, a pesar de que tus actos siempre fueron egoístas. No querías perder aquel exceso que hacía resaltar aun más tu grandeza. Necesitabas mis vanos esfuerzos por ser más inteligente que tú, las imperfecciones insalvables de mi cuerpo, mi absoluta falta de talento. No permitirías que me ahogara en la tina ni que me asfixiara bajo la presión de sus manos. Yo no podía morir mientras tú vivieras.

Nuestro abuelo también me necesitaba, porque cuando escribía tus virtudes en las cartas que mandaba a todos los empresarios artísticos, me miraba de reojo para describirte con todo lo que no encontraba en mí. Tecleaba de noche, con las manos lastimadas por la fuerza que depositaba en cada palabra, mientras fumaba un cigarrillo tras otro. Una o dos cajetillas, veinte colillas acumuladas en un cenicero, manchadas de sangre, impregnadas de humo como el resto de la casa. Nunca fui nada para él, pero para ti sí, Lucía. Tú me tocabas un poco, me tocabas apenas, y me decías que me querías. Al principio extendías sus manitas desde la cuna para alcanzar mi pelo, luego pasabas tus dedos por los míos mientras te peinaba, y cuando te atrevías un poco más, te metías en mi cama para abrazarme por la cintura y besarme la espalda. Me querías, sí, me querías porque no podías tolerar perderme, porque me necesitabas más que cualquier cosa en la vida para que te hiciera contraste. Me querías tanto que tu amor laceraba mi piel, me partía en tantos pedazos que nunca fue posible reconstruirme. Me querías tanto que me quitaste todo rastro de identidad para que siempre fuera parte de ti. Siempre sometida, siempre minimizada.

Estoy montada sobre Lucía, mis manos alrededor de su cuello. Aprieto fuerte hasta que escucho que algo se rompe. Lucía no tiene la mirada de los muertos, solo ha dejado de pelear. Mis manos siguen alrededor de su cuello, aunque ya está muerta. Yo aprieto. Confieso que sigo apretando no por rabia, sino por dolor. Me ha destruido la vida, me ha dejado sin nada y ni siquiera está arrepentida. Se ríe a carcajadas, se agarra el vientre retorciéndose de placer.

Por eso seguí apretando su cuello, confieso, haciendo pedazos la tráquea. Apreté hasta que sus labios se pusieron azules, apreté escuchando cómo perdía el aire y viendo cómo intentaba succionar oxígeno para no asfixiarse. Y luego la ruptura de los huesos, el cuello incapaz de sujetar el peso del cráneo. La cabeza a un lado, las uñas oscuras y rotas, mis brazos llenos de arañazos. Y yo seguí apretando.

Dejó de moverse. Lucía, la llamé. ¡Lucía!, le grité. Lucía, ¿dónde está Ramírez con la plata? ¿Por qué nos ha hecho esto? Despierta, Lucía. Deja de jugar. Pero Lucía no despertaba, tenía alrededor del cuello manchas moradas que calzaban con mis dedos. Estaba con los párpados abiertos, las manos a los lados, las uñas oscuras. No despertaba, no respiraba, no quería hablarme. Me eché a su lado, la acaricié. Lucía, háblame. Cerré los ojos.

Lucía, levántate, vamos a comenzar de nuevo, hay que estar unidas. Así me quedé dormida, trepada sobre ella. Unas horas después, reparé en el cadáver. Lucía comenzaba a endurecerse. Tengo que bañarla, pensé, tengo que quitarle el olor a muerto. Pero no podía moverla, el peso de su cuerpo rígido superaba mis fuerzas. Le cerré los párpados con los dedos y me di cuenta de que nunca más volvería a abrirlos. Entonces la abracé y, llena de ira, le dije que ella se lo había buscado. Habían sido demasiados años soportando humillaciones, tenía que hacer algo. Ahora todo había terminado. No sabía qué hacer sin ella, quien había ocupado mi mente cada segundo de mi vida.

Comencé a llorar, luego volví a abrazarla y le pedí perdón, le dije que era culpa de nuestro abuelo, que este era el final, su final y el mío.

Así nos encontraron. Mi hermana comenzaba a perder su hermoso cabello, mechón a mechón se quedaban enredados en mis manos. También se le cayó la mandíbula y quedó con la boca abierta. Supe que se descomponía y me aferré más a su cuerpo, ese cuerpo que yo había cuidado sin descanso y que no quería dejar ir. Así nos encontraron y yo confesé.

Yo la he matado, dije. Asesina, escuché por primera vez; Asesina, mientras me separaban de su cuerpo; Asesina, mientras me amarraban las manos y llamaban a la policía; Asesina, cuando cerraron la bolsa negra en la que se llevaron el cuerpo a la morgue. Asesina. Eso es lo que soy, confieso.

Sobre las editoras

Melanie Márquez Adams (Guayaquil, 1976)

Autora del libro de cuentos *Mariposas negras*, premio North Texas Book Festival 2018, y editora de la antología *Del sur al norte: Narrativa y poesía de autores andinos*, primer lugar en los International Latino Book Awards 2018. Su obra en inglés y en español aparece en diversas antologías, así como en Hong Kong Review, Asterix Journal, Hostos Review, entre otros. En el 2018 recibió un Iowa Arts Fellowship para cursar el MFA en Escritura Creativa de la Universidad de Iowa.

Gizella Meneses (Chicago, 1970)

Escritora y académica, doctorada en Letras y Culturas Hispánicas con una especialidad secundaria en cine. Es autora de varios cuentos cortos, poemas y ensayos. Sus obras han formado parte de varias revistas literarias y antologías como Hostos Review (2019), *Del sur al norte: Narrativa y poesía de autores andinos* (2016) y *Nos pasamos de la raya* (2015). Como académica, tiene varios artículos, un libro— *Argentine Cinema: From Noir to Neo-Noir* (2017)—y dos documentales. Su último artículo formó parte de la antología, *Violence and Victimhood in Hispanic Crime Fiction*, (2018). Es profesora de Lake Forest College.

Sobre las autoras

Kianny N. Antigua

(San Francisco de Macorís, R.D., 1979)

Profesora adjunta en Dartmouth College y dirige el programa de español en Howe Library (New Hampshire, EE. UU.). Ha publicado diez libros de literatura infantil, cuatro de cuento, dos poemarios, una novela, una antología, y un libro de microrrelatos. Ha ganado dieciséis premios literarios y sus textos aparecen en diversas antologías, libros de textos, revistas y otros medios. Algunos de sus relatos, además, han sido traducidos al italiano, al francés y al inglés.

Oriette D'Angelo

(Caracas, 1990)

Editora de la revista literaria Digo.palabra.txt y del proyecto de investigación y difusión #PoetasVenezolanas. Magíster en Digital Communications & Media Arts por DePaul University, Chicago. Autora del poemario *Cardiopatías* (2016), ganador del Premio para Obras de Autores Inéditos en el año 2014. Seleccionó y prologó la antología de poesía venezolana *Amanecimos sobre la palabra* (2017). En 2015 obtuvo el segundo lugar en el I Concurso de Crónicas de la Fundación Seguros Caracas y en 2016 el tercer lugar en el Concurso Iberoamericano de Poesía "Letras de Libertad" de Un Mundo Sin Mordaza.

Anjanette Delgado
(Río Piedras, Puerto Rico, 1967)

Escritora y periodista, autora de *La píldora del mal amor* (2009), novela ganadora del International Latino Book Award en 2009, y de *La clarividente de la Calle Ocho* (2014), finalista al Indiefab por el mejor libro multicultural del año. Su obra ha sido publicada en numerosas antologías, así como en The Kenyon Review, Pleiades, Vogue, The Hong Kong Review, Hostos, The New York Times, NPR y HBO, entre otros. Es graduada de la Escuela de Comunicación Pública de la Universidad de Puerto Rico, Recinto de Río Piedras, y tiene una maestría en escritura creativa de la Universidad Internacional de la Florida.

Teresa Dovalpage
(La Habana, 1966)

Escritora y profesora universitaria. Tiene un doctorado en Estudios Hispánicos otorgado por la Universidad de Nuevo México. Ha publicado nueve novelas entre las que se encuentran *Death Comes in through the Kitchen* (2018), *El difunto Fidel* (2011, premio Rincón de la Victoria), y *Muerte de un murciano en La Habana* (2006, finalista del Premio Herralde), y tres colecciones de cuentos. Conduce el programa bilingüe Música y Libros en Radio T-Bird, la emisora del New Mexico Junior College y colabora con el periódico The Taos News, donde tiene una columna semanal en inglés y español.

Margarita Drago
(Rosario, 1946)

Poeta, narradora, doctora y catedrática de Literatura Hispanoamericana en la Universidad de Nueva York. Autora de *Fragmentos de la memoria: Recuerdos de una experiencia carcelaria (1975-1980)* (2007), declarado de interés cultural por la Cámara de Diputados de la Nación Argentina; *Con la memoria al ras de la garganta* (2013); *Quedó la puerta abierta* e *Hijas de los vuelos* (2016); coautora de *Tomamos la palabra: mujeres en la guerra civil de El Salvador (1980-1992)* (2016); *Un gato de ojos grandes me mira fijamente* y *Heme aquí* (2017); *Con la memoria stretta in gola* (2018); *Sé vuelo* (2019). Ha participado en antologías y publicaciones literarias de EUA, América Latina y España.

Azucena Hernández
(Ciudad Juárez, 1984)

Escritora y ensayista. Autora de la novela *El monstruo mundo* (2016). Sus textos han sido publicados en diversas revistas de literatura y crítica de Estados Unidos, México y Sudamérica y es coeditora de *Tiresias: Documento literario*. Actualmente estudia un doctorado en literatura hispanoamericana en la Universidad de California, Berkeley. Vive en Estados Unidos desde el 2007.

Dainerys Machado Vento

(La Habana, 1986)

Es escritora, periodista e investigadora literaria. Estudia un doctorado en Lenguas y Literaturas Modernas en la Universidad de Miami y tiene una Maestría en Literatura Hispanoamericana por El Colegio de San Luis, México. Es editora del volumen *Viajo siempre con la isla en peso. Entrevistas al director teatral cubano Alberto Sarraín* (2019). En 2017, formó parte del proyecto *Arraigo/Desarraigo. Antología de Literatura Americana.*

Juana M. Ramos

(Santa Ana, El Salvador, 1970)

Poeta y académica en York College, CUNY. Ha participado en festivales de poesía en México, Colombia, República Dominicana, Honduras, Cuba, Puerto Rico, El Salvador, Argentina y España. Ha publicado *Multiplicada en mí* (2010 y 2014), *Palabras al borde de mis labios* (2014), *En la batalla* (2016), *Ruta 51C* (2017) y *Sobre luciérnagas* (2019). Es coautora del libro de testimonios *Tomamos la palabra: mujeres en la guerra civil de El Salvador (1980-1992)* (2016). Sus poemas y relatos han sido publicados en antologías, revistas literarias impresas y digitales en Latinoamérica, EE.UU. y España.

Jennifer Thorndike
(Lima, 1983)

Escritora y académica, doctorada en Estudios Hispánicos en la Universidad de Pennsylvania, Filadelfia. Ha publicado las novelas *[Ella]* (2012, 2014, 2017), *Esa muerte existe* (2016, 2019) y los libros de cuentos *Cromosoma Z* (2007) y *Antifaces* (2015). Ha participado en diversas antologías tanto peruanas como latinoamericanas. Sus cuentos han sido traducidos al portugués, francés e inglés. En el 2016 fue elegida por la FIL-Guadalajara como una de los veinte escritores latinoamericanos más destacados nacidos durante los ochenta. Actualmente vive y enseña literatura en Illinois.

Johanny Vázquez Paz
(San Juan, 1960)

Ganadora del Premio Paz de Poesía 2018 otorgado por la Feria del Libro de Miami y National Poetry Series. Su poemario *Ofrezco mi corazón como una diana* será publicado en una edición bilingüe por la editorial Akashic. Entre sus otros libros se encuentran *Sagrada familia* (ganador del International Latino Book Award en 2015), *Querido voyeur* (2012) y *Poemas callejeros/Streetwise Poems* (2007). Coeditó además la antología *Between the Heart and the Land / Entre el corazón y la tierra: Latina Poets in the Midwest*. Actualmente es profesora en Harold Washington College.

Cristina Zabalaga

(Cochabamba, Bolivia, 1980)

Escritora y periodista luso-boliviana. Ha publicado las novelas *Pronuncio un nombre hueco* (2012) y *Cuando Nanjing suspira* (2017), y el libro de cuentos *Nombres propios* (2016). Sus relatos han sido publicados en antologías de Bolivia, Venezuela, Inglaterra y Estados Unidos. Las conexiones entre la literatura, la fotografía y el cine son una constante en su trabajo de creación. Ha vivido en Bolivia, España, Alemania, Bélgica, Portugal y Estados Unidos.

«Narrada con una segmentación textual emparentada con las redes sociales y la realidad hipertextual del siglo XXI, *Caléndula* de Kianny N. Antigua hace una semblanza de la sociedad caribeña del Siglo Veinte».

Carlos Aguasaco

«Caléndula teje vidas y asomos de muerte que atrapan pétalos».

Josefina Báez

«Este es el texto de una escritora siempre en busca de nuevas vías y señales para expresar su talento».

Rey Andújar

También en Sudaquia:

www. sudaquia.net

«Una turbulencia sin barreras».

Ricardo González Vigil

«Para los personajes de Jennifer Thorndike el mundo es una suma desquiciada de fragmentos. Un universo espectral y siniestro, que nos remite a Kobo Abe».

Alonso Cueto

«Escrita con precisión y exactitud —muy cerca del pulso poético— esta segunda ficción de la joven escritora nos permite augurar una expectante consideración para su obra en el contextos de la literatura latinoamericana actual».

Roger Santivánez

«Este es un libro que realmente debemos leer. Jennifer ha logrado llevar al papel, de manera pura y extraordinaria, una historia que nos apasionará y nos hará descubrir un lado oscuro de la vida».

Eduardo Bronstein

«Sin duda, en términos cualitativos, esta novela representa un gran paso situando a su autora, hasta el día de hoy, como la mejor de su generación».

Jack Martínez Arias

También en Sudaquia:

www. sudaquia.net

«Leer a Cristina es avanzar en el fresco cauce de las jóvenes letras bolivianas, constituyéndose en una voz femenina que hay que leer».

Rosario Barahona Michel

«Son cuentos de la pausa y del detalle, tejidos con sutileza y maestría, de ciudades que se desvanecen y recuerdos que a veces se van para siempre, desordenando el lenguaje».

María José Navia

«Zabalaga tiene una fuerte voluntad de estilo: estudiosa de la relación entre la literatura, la fotografía y el cine, escribe oraciones cortas, las que se asemejan a tomas cinematrográficas, técnica que impele a los lectores a imaginarse diferentes espacios de un mismo escenario».

Willy O. Muñoz

«La escritura de Cristina Zabalaga sorprende por su fuerza expresiva y lúdica».

Homero Carvalho

También en Sudaquia:

www. sudaquia.net

Chile, Argentina, Uruguay, Perú, Bolivia, Ecuador, Venezuela, Colombia, Puerto Rico, Costa Rica, Guatemala, México y Estados Unidos se encuentran (de alguna manera) representados en las páginas de esta antología editada por Antonio Díaz Oliva y la cual muestra lo que se escribe (en español) dentro de las porosas fronteras anglo-americanas.

«Un impresionante compendio de la variedad de jóvenes voces literarias que estallan por toda Latinoamérica y USA en este milenio**».**

Francisco Goldman

«Una antología muy completa de escritores de las nuevas generaciones que escriben en español en los Estados Unidos. Gran trabajo de Antonio Diaz Oliva. Un excelente momento para leerla y afirmar la presencia de la literatura en español por aquí**».**

Edmundo Paz Soldán

«Este libro de nueva escritura nos permite leer la intimidad de un lenguaje de afirmaciones, apuestas y promesas. Todo está por hacerse nos dicen estos textos, pero sobre todo está por hacerse el ámbito de una literatura más hospitalaria, libre de la fiebre de la fácil fama y los oficios del mercado. Nos hacía mucha falta esta promesa del camino**».**

Julio Ortega